Gudrun Elisabeth

Meisriemler

Ein Rest von gestern

Kurzgeschichten
Erzählungen
Lyrik
Malereien

Bibliografische Information der Deutschen Nationalbibliothek: Die Deutsche Nationalbibliothek verzeichnet diese Publikation in den Deutschen Nationalbibliotheken; detaillierte bibliografische Daten sind im Internet über dnb.dnb.de abrufbar.

9 783751 978033

Impressum:

© 2020 Meisriemler, Gudrun Elisabeth

Technikerstraße 38/3/16, A 6020 Innsbruck

1. Auflage 2020

Herstellung und Verlag: **BoD** – Books on Demand, Norderstedt

ISBN: 9 783751 978033

Inhalt:

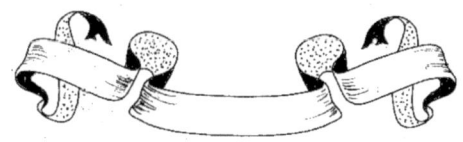

Eine kurze Vorbemerkung zu den in vielen Jahren gesammelten Geschichten und Gedichten:

Die meisten kleineren und größeren „Werke" sind in der Zeit vor dem Genderwahn, dem #MeToo - Hype, der globalen Klimakrise und dem Brexit entstanden. Vielleicht wird Ihnen, liebe Leserin, lieber Leser, manches ein bisschen altmodisch erscheinen – aber genau deshalb lautet der Titel dieses Buches „EIN REST VON GESTERN". Vieles hat sich aber, abgesehen von der Ausdrucksweise, in unserem Alltag nicht wirklich verändert. Das werden Sie bestimmt und hoffentlich mit einem verständnisvollen Schmunzeln feststellen.

Viel Vergnügen!

P.S.: … und dann kam Corona, und damit unendlich viel Zeit, in den Schubladen Ordnung zu schaffen!

Regenbogen (Aquarell)

Teil 1:
EIN REST VON GESTERN

Sieben ziemlich versöhnliche, brave Kurzge-
schichten, die in den Sechziger-, Siebziger-
und Achtzigerjahren spielen, als noch vieles
nicht ganz so mondän (heute würde man
sagen „in") war wie später.

Der Zuber[1]

Als die Resi Huber in die Stadt zog, bedeutete das für sie eine enorme Umstellung. Zu Hause, am Hof, war das Leben damals einfach und recht armselig gewesen. Die Errungenschaften der modernen Technik waren noch nicht in das versteckte Alpendorf vorgedrungen, ganz abgesehen von der Tatsache, dass sich kaum jemand in Resis Familie den Luxus etwa eines Staubsaugers, eines Mixers oder gar eines gekachelten Badezimmers mit Heißwasserboiler hätte leisten können. Am Huberhof wurde noch fast jede Arbeit mit der Hände Kraft verrichtet. Und wenn man am Samstagabend baden wollte, so schleppte man einen großen Holzzuber in die Küche, wo am offenen Herd in einem Kupferkessel Wasser heiß gemacht wurde. Drei Kessel voll verschlang das Ungetüm von Zuber. Wenn man dann endlich in das Wasser steigen konnte, brauchte man wirklich ein Bad, denn die ganze Woche lang musste man bei kaum einer Arbeit so schwitzen wie bei der Vorbereitung des Bades. Aber selbst der

---

[1] Österreichisch für Holzbottich

9

vergleichsweise kurze Genuss, sich im warmen Wasser zu räkeln, wurde von dem unerfreulichen Gedanken überschattet, dass man den Zuber nach dem Bade mühsam wieder ausschöpfen und zum Trocknen vor das Haus schleppen musste. So gerne Resi badete, so wenig erfreut war sie über den mangelnden Komfort und den enormen Arbeitsaufwand. Aber hier im Dorf kannte man es kaum anders.

Dass die Resi in die Stadt kam, verdankte sie in erster Linie dem Pfarrer und in weiterer dem gerade spärlich anlaufenden Fremdenverkehr. Der hochwürdige Herr hatte eines Tages die Idee, für ein besonderes Patrozinium einen kleinen Kirchenchor aufzustellen, da man Gäste aus der Stadt erwartete, denen man schließlich etwas bieten musste. Mehr oder weniger alle Frauen und Mädchen meldeten sich begeistert, versprach doch das gemeinsame Singen Abwechslung im wenig spektakulären Jahreslauf des Dorfes. Unter der Leitung der mäßig musikalischen Pfarrschwester wurde daher wochenlang eifrig geübt und geprobt. Dabei stellte sich sehr bald heraus, dass die Resi vom Huberhof nicht nur die beste Stimme hatte, sondern im Gegensatz zu ihren Mitstreiterinnen auch eine zuverlässige Treffsicherheit bei den Tönen. Sie sang nicht nur schön laut, was für die Leute hier ein wesentliches Kriterium für Musik war, sie sang auch richtig, ein Unterschied, der nicht nur dem Pfarrer auffiel, sondern auch einem zufällig für einige Tage zur Erholung im Dorf weilenden Professor des Konservatoriums der nächsten Stadt.

Bei einem Glas Wein kam man im Dorfgasthaus auf diese außergewöhnliche Begabung zu sprechen. Nach einigen weiteren Gläsern hatte der gute Pfarrer den

Professor so eingekocht, dass dieser versprach, sich für das begabte Mädchen bei den Schulbehörden einzusetzen. Tatsächlich traf nach etlichen Wochen die amtliche Nachricht über die Bewilligung eines mehrjährigen Ausbildungs-Stipendiums ein.

Zunächst wurde Resi in einem kirchlichen Mädchenheim in der Hauptstadt untergebracht. Von dort ging sie brav und fleißig ihren Studien nach. Ihre Fortschritte waren erstaunlich. Selbstverständlich erweiterte sich in der Stadt auch ihr gesamter Bildungshorizont, nicht zuletzt durch die Unzahl von teils erlaubten, teils verbotenen, bunten Illustrierten, die von den Mädchen im Heim verschlungen wurden. Was Resi aber am meisten imponierte, war das Badezimmer. Im Heim gab es ein weiß gekacheltes Bad, das heiße Wasser floss reichlich und zu jeder Zeit aus den verchromten Armaturen, die wunderbar glatte, emaillierte Wanne musste niemand ausschöpfen. Was Resi in den einschlägigen Zeitschriften sah, riss sie zu träumerischen Schwärmereien hin: ein Schaumbad in einer rosafarbenen Wanne war für die der Gipfel der Träume.

Mit viel Fleiß und etwas Glück schaffte Resi nach einigen Jahren den Sprung an die Spitze – selbstverständlich nicht als Resi Huber, sondern unter einem klangvollen, italienischen Künstlernamen. Sie wurde eine berühmte und vielbeschäftigte Diva. Der Erfolg, der so manchem anderen Mädchen wohl in den Kopf gestiegen wäre, veränderte zwar Theresas Lebensumstände völlig, ihren Charakter jedoch kaum. Sie blieb eine fleißige, tüchtige, lebensbejahende, anständige Person, die stets für die Chance dankbar blieb, die man ihr geboten hatte. Nur in einem Punkt wurde

Theresa etwas seltsam. Ihre Schwäche für schöne Badezimmer wuchs sich zu einem Spleen aus. Die Badezimmer in ihren wechselnden Wohnungen und Häusern wurden immer prächtiger, der Aufwand an Wannen, Becken, Spiegeln, Armaturen, Marmor- und Keramikfliesen verschlang gewaltige Summen und beschäftigte neben den entsprechenden Professionisten auch die Journalisten, die mit Berichten über „Theresas Badeorgien" Seiten füllen konnten. Zuletzt unterschob man ihr sogar, dass sie wie Dürrenmatts „Alte Dame" reisen würde: zwar nicht mit einem Sarg, aber mit einer rosafarbenen Acrylglas-Wanne im Reisegepäck. Diese Behauptung war allerdings eine boshafte Unterstellung eines besonders lästigen Journalisten, den Theresa hinausgeworfen hatte.

Zum 300-Jahr-Jubiläum der Dorfkirche lud der alte Pfarrer Resi ein, wieder einmal ihre alte Heimat zu besuchen. Die Diva sagte trotz Termindrucks gerne zu, denn sie schämte sich ihrer Herkunft nicht. Im Gasthaus berieten nun die Honoratioren – der Bürgermeister, der Pfarrer, der Lehrer und der Gemeindesekretär – wie man die berühmte Dame ehren könnte.

„Die Schützen müssen auf jeden Fall aufmarschieren", beschloss der Bürgermeister diktatorisch.

„Der Kirchenchor muss auf jeden Fall ein Ständchen bringen", insistierte der Pfarrer.

„Die Schulkinder müssen mit Blumen spalierstehen und ein Gedicht aufsagen", beharrte der Lehrer.

„Und ein paar Böller müssen wir ihr zu Ehren auch abschießen", verlangte der Gemeindesekretär, der gleichzeitig Schützenhauptmann war.

Einig waren sich die Herren jedenfalls darüber, dass für den hohen Gast alles aufzubieten war, was das Dorf hergab. Nur über ein passendes Gastgeschenk konnte man sich nicht einigen. Der Bürgermeister, ein Großbauer, plädierte für eine Kuh, die dann Theresas Namen tragen sollte. Der Lehrer verteidigte vehement seine Idee, einen Bildband über das Dorf und seine Geschichte mit einer ausführlichen Widmung der berühmtesten Tochter der Gemeinde in Auftrag zu geben – und zwar ihm. Der Gemeindesekretär war für einen schmiedeeisernen Kerzenleuchter aus der Werkstatt seines Vaters, des Dorfschmieds. Nur der Pfarrer enthielt sich vorerst seiner Stimme. Erst als die Diskussionen in einen heftigen Wirtshausstreit ausarteten, schlug er auf den Tisch und verschaffte sich Gehör. Seine Idee überzeugte alle.

An einem wunderschönen Sonntag im Mai fand der Besuch statt. Die Diva gab sich leutselig, zeigte aber wenig Interesse an den diversen Ehrenbezeugungen. Schützen, Böller, Ehrenjungfrauen, Kinderchor und dergleichen waren für sie keine Überraschung. Sie kannte einerseits das Leben im Dorf, andererseits war sie Ehrungen in vielen Erscheinungsformen längst gewöhnt. Als ihr jedoch das Ehrengeschenk überreicht wurde, rannen Tränen der Rührung über die sorgfältig geschminkten Wangen. Gemeinsam schleppten vier Kinder in heimischer Tracht einen reich mit bunten Blumen geschmückten Holzzuber herbei – jenen alten, aus rauem Holz gefertigten Zuber, in dem die Resi Huber einst gebadet hatte.

Badefreuden (Aquarell)

Einige Zeit, bevor Alzheimer und Demenz in aller Munde waren: man war nur verkalkt!

Das große Latinum

Peters Großvater war ein sehr betagter Herr. Peters Mutter hatte ihre liebe Not mit dem Opa, weil er manchmal ziemliche abstruse Ideen entwickelte, wenn man ihn ließ. Obwohl er einst als Lateinprofessor eine Kapazität in seinem Fachgebiet gewesen war, hieß es jetzt, er sei entsetzlich verkalkt, wenn er irgendetwas angestellt hatte. Peter fand jedoch Großvaters Ideen immer „Spitze". Es gab doch für einen elfjährigen Jungen kaum etwas Interessanteres als zum Beispiel verbotener Weise in alten, halbverfallenen Bergwerksstollen herumzukriechen. Dass er und der Opa schließlich völlig verdreckt und unterkühlt von der Bergwacht geborgen werden mussten, tat dem Vergnügen nicht den geringsten Abbruch. Peter fand es auch überhaupt nicht unmöglich, mit Opa ein Fischerboot zu klauen und mit einem Eimer voll Forellen nach Hause zu kommen, einen Traktor in Betrieb zu nehmen und ein Maisfeld abzumähen, über ein Förderband in eine Schottergrube zu fahren oder zwanzig Hunde in einer Nacht- und Nebelaktion aus dem Zwinger eines stadtbekannten Tierquälers zu befreien. Alle diese abenteuerlichen, nicht ungefährlichen Ideen stammten von Opa. Daher fand Peter, dass der Mann wirklich gut beisammen war und keinerlei Alterserscheinungen zeigte – im Gegenteil: Opa war fast so jung wie er.

Solange Peter noch zur Volksschule ging, konnten solche Eskapaden ja noch hingenommen werden. Mit einigem diplomatischen Geschick oder dem nötigen

Kleingeld gelang es seinem Vater auch immer, die erbosten Besitzer zu beruhigen, die von den Streichen betroffen waren. Seit zwei Jahren aber besuchte Peter nun das humanistische Gymnasium. Er war ein passabler Schüler, nur Latein bereitete ihm größte Schwierigkeiten, nicht etwa, weil er zu dumm dafür gewesen wäre – keineswegs! Er war einfach nur zu faul und viel zu sehr mit anderen, ihm viel interessanter erscheinenden Dingen ausgelastet.

Gegen Mitte des zweiten Schuljahres, nachdem Peter nur mehr dicke „Nichtgenügend" auf seine Schularbeiten eingesammelt hatte, trat der Familienrat zu einer Krisensitzung zusammen, denn Peters Aufstieg in die nächste Klasse war akut gefährdet. Vater tobte und drohte Handgreiflichkeiten an. Mutter lamentierte und schob die Schuld auf jeden anderen, nur nicht auf ihren stinkfaulen Sohn. Tante Agathe predigte Moral und betonte, dass es so etwas zu ihrer Zeit nicht gegeben hätte. Peters fünf Jahre ältere Schwester vertrat die Meinung, man dürfe das alles nicht so eng sehen, dem Knaben würde schon eines Tages der Knopf aufgehen. Onkel Egon empfahl ein strenges Internat. Onkel Willi plädierte für Prügel und Peters acht Jahre älterer Bruder, der nur kurz seinen Kopf bei der Türe hereinstreckte, fand die Familie ärger als die Pest. So schnell er konnte, setzte er sich wieder ab, nicht ohne sein kleines Brüderlein zu bedauern.

Opa jedoch, der als alter Lateiner noch am ehesten als kompetent bezeichnet werden konnte, hüllte sich in Schweigen. Er wurde auch gar nicht ausdrücklich um seine Meinung gefragt. Schließlich war der Alte doch eh nicht mehr voll zurechnungsfähig.

Wie nicht anders zu erwarten konnte keine Patentlösung gefunden werden, die allen Familienmitgliedern erfolgversprechend erschienen wäre. Einig war man sich nur über eine „Fernsehsperre", von der jeder wusste, dass sie nicht lange dauern würde, und über eine Woche „Hausarrest", eine Maßnahme, die bei der Größe des Hauses und der Vielfalt der Familie kaum als Repressalie zu werten war. Irgendwo, bei irgendwem würde man sich schon vergnügen können.

Ein paar Tage später fand Peter seinen Opa über einem riesigen Stapel alter Papiere sitzend.

„Suchst du 'was, Opa?" fragte der aufgeweckte Knabe. Opa wirkte, ganz gegen seine sonstige ruhige Art, überaus nervös.

„Ja, zum Teufel! Ja, ich suche etwas Bestimmtes. Ich fürchte, deine liebe Mutter hat tatsächlich recht: ich bin abscheulich verkalkt!"

„Aber geh', Opa! Wie kommst du auf diese irre Idee? Das stimmt überhaupt nicht!" widersprach Peter, der über seinen Großvater nichts kommen ließ.

„Doch, doch, Peterle! Da ist mir etwas ganz Dummes passiert. Was bin ich nur für ein alter, vergesslicher, verkalkter Hohlkopf!"

Großvaters Selbstbeschuldigung beunruhigte Peter. Ängstlich fragte er: „Was ist denn passiert? Nun sag' schon!"

Opa tat sehr geheimnisvoll. Er nahm Peter das große Ehrenwort mit drei Sternen ab, seiner Mutter und auch sonst niemandem etwas zu verraten. Dann schob er dem Jungen einen Stapel vergilbter Blätter

17

hin, die alle eng mit lateinischen Texten beschrieben war.

„Weißt du, was das ist?"

Peter schüttelte den Kopf. „Ne, Opa! Was soll das schon sein? Papierkram, den kein Schwein lesen kann!"

„Eben, eben! Das ist ja das Problem! Ich könnte mich in den eigenen Hintern beißen, wenn ich denke, dass irgendwo in den alten Zetteln steht, wo deine verstorbene Großmutter – Gott hab' sie selig – ihr Schmuckkästchen versteckt hat. Für den Notfall hat sie damals gesagt. Wenn ich irgendwann Geld bräuchte, müsste ich halt das Versteck suchen. Aber ich bring und bring die Übersetzung nicht mehr hin. Und ich weiß auch beim besten Willen nicht mehr, in welchem Papier das Geheimnis steckt. Ich bin einfach zu alt und zu verkalkt. Hätte nie gedacht, dass man so schnell vergisst, was man ein Leben lang gekonnt hat!"

Resignierend packte Opa den Stoß Papiere und wollte ihn in den Ofen werfen. „Na, da kann man halt nix machen. Es soll wohl nicht sein, dass ich das Zeug finde! Dabei hätte ich das Geld so dringend gebraucht! Wollte doch endlich das Sport-Rad für dich kaufen", murmelte der Alte wie nebenbei. Schon hatte er das Ofentürchen geöffnet, da fiel ihm Peter in die Arme.

„Mensch, Opa, spinnst du? Du kannst doch nicht auf Geld und Edelsteine verzichten, bloß weil wir hier alle zu blöd sind, die Texte zu lesen. Gib den Kram her! Ich probier's!"

Opa schmunzelte. „Geh, Peterle, das schaffst du nie!"

„Ich schaff's! beharrte der Junge stolz und trotzig zugleich.

Was keiner erwartet, der kluge Opa aber erhofft hatte, trat ein. Peter schaffte mit großer Mühe und Geduld tatsächlich, die Texte zu entziffern. Gleichzeitig schloss er die Klasse mit einem „gut" in Latein ab, was wieder einmal den Wahrheitsgehalt des alten Sprichwortes von der Übung, die den Meister macht, eindrucksvoll bewies. Großmutters angeblicher Schatz blieb allerdings weiterhin verschollen, trotz der zahlreichen Hinweise, die Peter aus dem Text herauszulesen glaubte und denen er mit Opas Hilfe eifrig nachging.

Selbstverständlich konnte man aus rein pädagogischen Gründen den Knaben nicht mit der herben Enttäuschung sitzen lassen. Vater sah sich daher veranlasst, das in Aussicht gestellte Fahrrad zu kaufen. Es war ihm immerhin ein schwacher Trost, dass seine Geldausgabe diesmal nicht für einen missglückten Bubenstreich, sondern als erzieherische Notwendigkeit erforderlich war.

Irgendwann ging dann auch tatsächlich Peter der Knopf auf, wie es seine Schwester prophezeit hatte. Seine Meinung über Opa wollte er aber nicht wesentlich revidieren. Dass der alte Gauner ihn mit den von ihm selbst verfassten Texten hineingelegt hatte, verzieh er ihm großzügig – und mit Rücksicht darauf, dass der alte Herr ja so grässlich verkalkt war.

Ein bisschen Gras, ein kleiner Joint: in der Jugendszene der Achtzigerjahre durchaus keine Seltenheit: man wollte schon „in" sein, was auch heute nicht anders, allerdings vor allem durch die Designerdrogen noch weit gefährlicher ist. Vergleichsweise war die Jugendszene damals noch „harmlos", oder?

Im Schatten von Hollywood

„Erich hascht!"

Franz sah seine Frau Helga fragend an. „Bist du sicher?"

Sie nickte. Der Sechzehnjährige hatte sich in letzter Zeit recht seltsam benommen, über das Maß hinaus, das die Pubertät so mit sich bringt. Es hatte eine Weile gedauert, bis Helga den Grund dafür herausgefunden hatte, aber nun was sie sicher.

„Wir müssen etwas unternehmen!" Franz sprang auf und begann, gereizt im Zimmer auf- und abzugehen.

„Vielleicht kann uns der Psychologe vom Jugendamt helfen?" schlug Helga vor. Franz sah sie entsetzt an. „Zum Teufel! Wie stellst du dir das vor? Diese Riesenblamage! Willst du das wirklich?"

Sie wollte und sie musste.

Der Psychologe hatte Erfahrung mit dem Drogenproblem bei Jugendlichen. Er bohrte hartnäckig in den Lebensumständen der Familie, analysierte – hochnotpeinlich, wie Helga und Franz fanden – die

Verhältnisse und stellte zuletzt, als sei es der Weisheit letzter Schluss, fest, dass der Junge aufgrund der Tüchtigkeit der beiden ein gestörtes Elternbild habe und daher in eine Traumwelt flüchten müsse.

Zunächst waren Helga und Franz sehr zerknirscht gewesen und hatten sich bittere Vorwürfe wegen etwas gemacht, das ihrer Meinung gar nicht zutraf. Je länger sie über alles nachdachten, was der übergescheite Psychologe gesagt hatte, desto mehr stieg in ihnen ohnmächtige Wut hoch, weil sie sich nach wie vor nicht zu helfen wussten. Sie gingen so weit, sich gegenseitig zu beschuldigen, zu wenig Zeit für das Kind gehabt, ihm zu viel Geld gegeben zu haben, und noch andere, völlig unsinnige Dinge mehr. Schließlich heulte Helga wie ein Schlosshund und Franz brüllte, weil er ihr Weinen nicht ertragen konnte.

„Deine blöde Schwester, das Hollywood-Flittchen, ist an allem schuld! Warum hat sie dem Bengel immer so viel Geld zugesteckt?" Bissig ergänzte er: „Im Grunde ist es aber alleine dein Bier – er ist ja auch dein Sohn!"

Helga blickte auf. Das kurze Schweigen schmerzte beide. Dann hauchte sie: „Erich ist nicht mein Sohn!"

Franz erstarrte. Hatte er richtig gehört, oder tickte Helga nicht mehr richtig? Sein „Wie, bitte?" war eine Explosion an Ungläubigkeit.

Helga stand auf, als müsste sie sich zum Kampf stellen. Sie trat auf Franz zu. „Erich ist nicht mein Sohn", wiederholte sie. „Er ist der Sohn meiner Schwester!"

Franz griff sich an den Kopf und brach in unmotiviertes Gelächter aus. Er hielt Helga in diesem Moment für übergeschnappt. Sie aber war ganz ruhig geworden. Mit fester Stimme erklärte sie: „Meine Schwester hatte schon Verträge für Amerika in der Tasche. Sie hätte das Kind nicht brauchen können. Wir alle aber, die ganze Familie, waren nach Vaters Tod auf ihr Geld angewiesen." Nach einer längeren Pause fuhr sie zerknirscht fort: „Du, mein Lieber, hast dich so heldenhaft und zärtlich um mich „gefallenes Mädchen" und mein lediges Kind gekümmert, ach, so lieb!" Wieder rannen Tränen über ihr Gesicht.

Franzens Reaktion war eher ungewöhnlich. Er lachte schallend, schlug sich auf die Schenkel, fasste Helga um die Taille, tanzte im Zimmer herum und schrie in einem fort: „Was war ich doch für ein gepflegter Depp – nein, was bin ich für ein Riesendepp. Oh, ich Depp! Einfach herrlich!"

Die Aussprache, die dieser skurrilen Szene folgte, war geprägt von den Beteuerungen der gegenseitigen Liebe, brachte aber keine Lösung des Problems Erich.

Erich saß in seinem Zimmer, trank Cola aus der Flasche, hörte psychedelische Musik von der Sorte, die besonders an Helgas Nerven zerrte, und überlegte, wo er Geld für einen Joint herbekommen könnte. Tante Mary war zwar sehr großzügig, aber der Stoff wurde immer teurer. Auf alle Fälle würde er Tante Mary anpumpen müssen. Sie würde nicht nein sagen, allerdings würde es einige Tage dauern, bis der „Kies" aus den USA überwiesen würde.

Erich bewunderte seine Tante Mary und ihre Spitzenkarriere. Er beneidete sie um ihr Leben in Amerika und irgendwie liebte er sie auch auf seine Art, ohne sich dessen bewusst zu sein. Jedenfalls war er stolz auf sie. Wer in seiner Klasse konnte schon sagen, dass er eine bekannte Hollywood-Diva zur Tante hatte. Erich gab sich daher betont amerikanisch oder zumindest so, wie er sich das Amerikanische eben vorstellte. Und dazu gehörte für ihn Cola, harte Musik und Hasch. Er fand es unheimlich schick, stieren Blickes in einer Ecke zu lehnen – lässig und locker und jedenfalls – oberaffengeil. Irgendwann – er hoffte bald – würde er nach Amerika gehen!

Helga betrat Erichs Zimmer, obwohl sie es sonst tunlichst vermied, solange die Lautsprecherboxen plärrten.

„Hör `mal, wie stellst du dir eigentlich deinen weiteren Lebensweg vor? fragte sie provokant.

Erich rülpste, setzte die Colaflasche an die Lippen, schnippte mit den Fingern und meinte lässig: „Na, wie schon! Ich frage mich nur, warum einen diese Scheißeltern nie in Ruhe lassen können mit ihren krankhaften Zukunftsängsten?"

Helga zuckte es in den Fingern, aber sie war sich dessen bewusst, dass Ohrfeigen gar nichts ausrichten würden. Sie hatte sich eine ganz andere Strategie zurechtgelegt, von der sie hoffte, dass sie wirksam wäre. Mühsam zwang sie sich zur Ruhe. Ganz klar und deutlich, um die Musik zu übertönen sagte sie nur: „Was bin ich doch froh, dass du Marys Balg bist!"

So laut auch die Musik aus dem Lautsprecher kam, dieser Satz hatte Erichs Ohren erreicht. Er wurde blass, schnappte nach Luft und krächzte: „Du lügst! Das ist nicht wahr!"

Für Helga war es eine enorme Befriedigung, den renitenten Burschen aus der Fassung gebracht zu haben.

Sie zuckte nur mit den Schultern. Warf die Mappe mit den entsprechenden Dokumenten auf sein Sofa und verließ den Raum. Bevor sie die Türe zuzog, sagte sie noch ohne große Emotion: „Mary wird sich kaum freuen, wenn ihr Name in den Medien im Zusammenhang mit einem Rauschgiftsüchtigen steht!"

Die Colaflasche, die Erich nach ihr warf, zerschellte am Türstock. Das klebrig-braune Gebräu schäumte aus dem zersplitterten Hals, als wäre es ebenso zornig wie er.

Letzten Herbst hat Erich das Abitur gemacht: zwei Jahre später als üblich, dafür aber mit Auszeichnung. Die Bildzeitung brachte Schlagzeilen: „Hollywood – Diva: stolz auf ihren Sohn!"

Franz und Helga waren es auch.

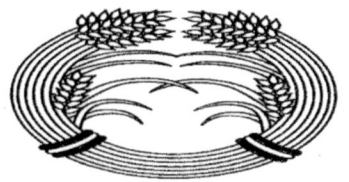

Money makes the world go round – nichts Neues unter der Sonne, aber eine Tatsache mit unzählig vielen Facetten seit Erfindung des Geldes, damals, heute und wahrscheinlich bis ans Ende aller Tage!

Der Einbruch

Angelika hatte es so gewollt, und wenn ein so engelsgleiches Wesen wie sie von einem finanziell so total abgebrannten, in punkto Liebe jedoch so hochlodernden jungen Mann wie Mike etwas will, dann ist die Sache so gut wie getan. So stand nun Mike, bewaffnet mit einem funkelnagelneuen Satz feinster Dietriche, die ihm ein recht zwielichtiger Bursche in einer Vorstadtkneipe für vergleichsweise wenig Geld überlassen hatte, in der Diele seiner eigenen kleinen Wohnung und betrachtete erkenntnistheoretisch das einfache Schloss seiner Wohnungstüre. Ohne gewisse Übung wollte Mike den Einbruch bei seinem seit Wochen verreisten, im ganzen Viertel als ungeheuer begütert bekannten Nachbarn doch nicht wagen. So machte er sich zum ersten Mal in seinem völlig unbescholtenen Leben daran, ein Schloss ohne den dazugehörigen Schlüssel zu öffnen. Er probierte eine Weile die einzelnen Haken aus, musste aber feststellen, dass seine Versuche wegen der erheblichen Geräusch-Entwicklung für einen Einbruch völlig ungeeignet waren. Mit einem tiefen Seufzer gab er das Unternehmen auf, weil er befürchtete, das Schloss derart zu beschädigen, dass sich die Türe nicht mehr ohne Hilfe eines professionellen Schlossers oder Einbrechers öffnen lassen würde. Zu allem Überfluss hatte man ihm schon vor vierzehn Tagen das Telefon gesperrt, weil er die Rechnung nicht bezahlt hatte. Sohin hätte Mike im Notfall nicht einmal einen Fachmann zur Hilfe rufen können, der ihn aus seiner misslichen Lage befreit hätte.

Niedergeschlagen und traurig darüber, dass er einfach zu ungeschickt war, um Einbrecher zu werden, schlich er in die Küche, setzte sich auf den einzigen, wackligen Stuhl, der nach der Pfändung noch übrig war, und grübelte vor sich hin. „Wo könnte ich nur das Einbrechen lernen, ohne Schaden anzurichten?" fragte er sich. Trotz intensiven Nachdenkens fand Mike keine Lösung seines Problems, zumal seine Gedanken immer wieder zu seiner Traumfrau Angelika abschweiften. In Anbetracht der miesen Lage, in der er sich befand, spielte er mit dem schwarzen Gedanken, mit dem Wäschestrick auf den Dachboden zu gehen und seinem armseligen Leben an einem Dachsparren ein Ende zu bereiten.

Mit einem Seufzer erhob er sich. „Der Dachboden ist keine ganz schlechte Idee", überlegte er. „Vielleicht finde ich dort irgendeinen alten Schrank, an dessen Türschlössern ich üben kann?"

Ausgerüstet mit einem Funken neuer Hoffnung und den bisher unnützen Einbruchswerkzeugen kletterte Mike die steile Treppe zum Dachboden hinauf, öffnete ganz konventionell die alte Eisentüre, die in den nicht geölten Angeln so heftig quietschte, sodass Mike fürchten musste, das ganze Viertel aufzuwecken. Wie gehetzt zog er das angerostete Ungetüm hinter sich zu. Gebückt schlich er in den dunklen Dachraum, umrundete einige alte Sessel, stellte zwei fleckige Matratzen zur Seite, aus denen das trockene Seegras quoll, drehte die scheußliche Reproduktion eines niederländischen Meisters um, weil er sich von dem gestrengen Herrn mit der Halskrause beobachtet fühlte, stolperte über einen Stapel dicker, verstaubter Bücher und krachte mit dem Ellbogen an einen alten Sekretär. Zunächst war Mike damit beschäftigt, lauthals zu fluchen und den Schmerz zu überwinden. Dann aber betrachtete er das alte Möbelstück, das schon seit ewigen Zeiten hier heroben sein Dasein fristete. Die Politur des edlen Holzes war längst verblichen, die Intarsien auf der Platte herausgebrochen und abgeblättert, die kunstvollen Schlösser der fünfzehn Schubladen und -lädchen verrostet. Die Schlösser?

„Du liebes Lieschen! Da sind ja jede Menge Schlösser, die ich ohne Gewissensbisse aufbrechen kann", schoss es Mike durch den Kopf. Hastig befestigte er seine Taschenlampe zwischen den gesprungenen Federn eines durchgebrochenen Bettrostes, hockte sich vor den Schrank und begann, die Schlösser der Laden und Kästchen zu bearbeiten. War es das Bewusstsein, dass er hier nichts Verbotenes tat, oder war es der Gedanke an einen künftigen Erfolg, der ihn beflügelte: jedenfalls erschien es Mike gar nicht mehr so schwierig, Schlösser zu knacken. Für die erste Schublade brauchte er noch etwas länger, aber die nächsten vier öffneten sich fast von selbst. In seinem Eifer dachte Mike keinen Augenblick daran, den Inhalt der Laden zu erforschen. Das könnte er irgendwann einmal machen, wenn er mehr Zeit hatte. Im Moment war es ihm nur wichtig, das Einbrechen so gut wie möglich zu erlernen. Und wieder war ein Schloss geknackt, und noch eines – und – da sieh doch einer an! Die große Mittellade setzte ihm unerwarteten Widerstand entgegen, aber sie konnte Mikes Tatendrang nicht bremsen. Er probierte unverdrossen sämtliche Kniffe, die er inzwischen zu kennen glaubte. Endlich gab auch dieses Schloss nach. Mit triumphierendem Grinsen zog er die Lade ein Stückchen auf. Jetzt würde er bestimmt auch des reichen Nachbarn Türe knacken können, ganz bestimmt!

Mit Schwung stieß er die Lade wieder zurück. Da ließ ihn ein Geräusch aufhorchen. Es klang wie das Klirren von Münzen, die gegeneinander rollten. Mike war überzeugt, dass er sich getäuscht hatte, doch zog er die Lade nochmals auf und leuchtete hinein. Was er da sah, erschien ihm wie ein Spuk. Auf einem dunkelroten, von Motten zum Teil verspeisten Samt-Tuch lagen zahlreiche verschiedene Münzen. Zwischen den dick verstaubten Falten glänzte es golden und die Silbermünzen, die schwarz angelaufen waren, schienen wie Schatten dieser goldenen Pracht. Als Mike atemlos den Strahl seiner Taschenlampe über den Schatz kreisen ließ, konnte er sich des Gefühls erwehren, dass ihm die Münzen voll Hohn entgegenblitzten.

„Warum hast du so eine heillose Unordnung in deinem Haus?" schienen sie zu fragen. „Hättest du den letzten Sperrmüll-Termin nicht verschlafen, so wäre dir manches erspart geblieben. Du hättest uns eher gefunden – man hätte dir nicht die halbe Einrichtung gepfändet, und vor allem hätte man dir nicht das Telefon gesperrt. Dann könntest du nämlich jetzt deine geliebte Angelika anrufen!"

Mike knallte die Lade zu. Ja, das war sie, die lange verschollene Münzsammlung seines Urgroßvaters, für die schon vor dem Krieg eine astronomische Summe geboten worden war. Großvater war betucht. Er musste sich nicht von seinen Schätzen trennen.

Immer war davon gemunkelt worden, dass er die Münzsammlung vor den Kriegswirren sehr gut versteckt hatte, aber nachher hatten die wenigen Überlebenden nicht mehr gewusst wo.

Jetzt gehörte der Schatz wohl ihm, denn schließlich hatte Mike das ganze alte, ziemlich sanierungsbedürftige Haus samt Inventar geerbt. Und wenn ihn nicht alles täuschte, war mit dem Fund sein finanzielles Tief beendet. Das musste er sofort Angelika wissen lassen!

Musste er wirklich? War er sich dessen sicher? Er turnte über das alte Gerümpel zurück zur Dachbodentüre, verschloss diese sehr sorgfältig und stieg ganz langsam und intensiv in Gedanken versunken die steile Treppe hinab. „Musste Angelika das wirklich wissen?" fragte er sich. „War sie wirklich die Frau seiner Träume? Sollte er sich wirklich an ein Weib hängen, das ihn aus Geldgier zum Einbruch anstiften wollte? Wer war er denn?"

Einige Monate später erfuhr Angelika, dass Mike zu Geld gekommen war, und zwar genau zu jedem Zeitpunkt, als er sie verlassen hatte. Sie fand darin ganz deutlich die These bestätigt, dass Geld den Charakter verdirbt.

Dass Antiquitäten manchmal Überraschungen bergen, ist allgemein bekannt. Fernsehsendungen wie z.B. „Bares für Rares" oder „Kunst und Krempel" legen davon immer wieder Zeugnis ab. Man muss nicht unbedingt ein Kunstbanause sein, um überrascht zu werden.

Die blaue Vase

Solange sich Lisa erinnern konnte, stand die blaue Vase auf der massigen, altdeutschen Kredenz in Großmutters Speisezimmer. Als Kind hatte sie sich überhaupt nicht für das Ding da oben interessiert. Es stand außerhalb ihres Gesichtskreises. Auch später verschwendete sie keinen Gedanken an die Vase. Sie stand einfach da und gehörte zur Einrichtung des Raumes wie die ungemütlichen Sessel mit den hohen Lehnen und der brüchigen Lederpolsterung, deren dunkles Gün alle Nuancen der Erdfarben einer Malerpalette aufwies, oder wie die verschossenen Vorhänge aus Brokat, die man schon seit Jahren nicht mehr zuzog, weil man befürchten musste, sie würden einem unter den Händen zerfallen. Lisa hatte sie nie in ihrer anfänglichen goldfarbenen Pracht gesehen, sie kannte sie nur als graugelbe, blasse und unauffällige Umrandung der großen, stets blankgeputzten Fenster, durch die man den alten Park sehen konnte. War auch der ehemalige Glanz des Raumes längst verblasst, so liebte Lisa dieses Zimmer, denn es beinhaltete alle ihre schönsten Kindheitserinnerungen. Hätte man aus dem Raum auch nur ein Bild oder eben die blaue Vase entfernt, so hätte Lisa das als Einbruch in das letzte Fleckchen heiler Welt in ihrer Familie empfunden.

Als Lisa sechzehn Jahre alt war, wurde sie drei Monate zu Großmutter verbannt, weil sie sich in einen jungen Mann verliebt hatte, der der Familie weder von seiner Herkunft noch von seinen Vermögensverhältnissen her entsprach. Großmutter war sehr lieb und verständnisvoll zu der verstörten, todunglücklichen Enkelin. Aber Großmutter war auch schon sehr alt und oftmals ziemlich wunderlich. Oft erzählte sie von den vergangenen Tagen und erklärte Lisa Dinge, die längst verjährt waren. Damals war es auch, dass Großmutter immer wieder davon sprach, dass Lisa die blaue Vase erben würde. Großmutter gebrauchte immer die gleichen Worte, wenn sie dieses Thema anschnitt. So konnte Lisa die seltsame Behauptung gar nicht mehr vergessen. Es grub sich unauslöschlich in ihr Gedächtnis ein, was Großmutter immer sagte:

„Ja, ja! Guck' nicht so ungläubig, mein liebes Kind! Da oben steht ein VW!"

Lisa nahm unter Großmutters liebevoller Obhut langsam Vernunft an, vergaß den unerwünschten Freier und dachte, als sie wieder nach Hause durfte und eine Menge neuer Verehrer, vor allem unter ihren Tanzstunden-Partnern fand, nicht mehr an alle die seltsamen Histörchen und kleinen Geheimnisse der Großmutter.

Als etliche Jahre später die gute alte Dame im methusalemischen Alter von einhundertvier Jahren verstarb, war Lisa längst verheiratet. Auch dieser Mann hätte den ursprünglichen Vorstellungen der herrschaftlichen Familie nicht entsprochen, aber die Zeiten hatten sich geändert. Zum einen hatte die Familie nicht mehr so großen Einfluss auf Lisa, zum anderen hatte man unter dem Druck der neuen Gegebenheiten die kleineren und größeren Standesdünkel doch langsam überwunden.

Lisas Mann, ein sehr gescheiter, aber leider ziemlich mittelloser Botaniker, war gerade auf der verzweifelten Suche nach einer lukrativen Anstellung, was in diesem Wissensgebiet nicht ganz einfach war, wenn man nicht als Wissenschaftler im Elfenbeinturm der Universität bleiben konnte. Er hatte auch ein außerordentlich günstiges Angebot vorliegen, konnte es aber nicht annehmen, weil die Grundvoraussetzung der Besitz eines eigenen Autos war. Lisa und er saßen seit mehr als vierzehn Tagen über dem Brief und überlegten, wie sie zu einem Auto kommen könnten. Aber so sehr sie auch die Ziffern ihrer genauen Kalkulation ihres kleinen Barvermögens und Lisas bescheidener Einkünfte als Bibliothekarin hin- und herschoben – für einen Wagen würde es nicht reichen, auch nicht für einen Kredit, den sie nur im äußersten Notfall aufnehmen wollten. Die Alternative des Leasings gab es noch nicht.

Zu diesem Zeitpunkt wurde nun die Erbschaft notariell freigegeben. Laut Testament fiel Lisa die Einrichtung des Speisezimmers zu. Nun ist es sicher eine der unangenehmsten Arbeiten, eine Verlassenschaft aufzulösen. Lisa hätte sich gerne davor gedrückt, aber nachdem der neue Besitzer der Wohnung drängte, musste sie doch etwas unternehmen.

Eines Nachmittags im November raffte sie sich auf, die alte Wohnung zu betreten. Alle anderen Räume waren schon von den Miterben ausgeräumt worden.

Die Leere, die hallenden Schritte auf dem teppichlosen Boden, der Staub, der alles bedeckte und das trübe Herbstlicht machten Lisa ganz traurig. Wie gelähmt saß sie lange auf einem der alten, zerschlissenen Sessel mit den steifen, geschnitzten Rückenlehnen. Durch die halbblinden Scheiben sah sie nach draußen. Den Park gab es nicht mehr. Er hatte einem Einkaufszentrum weichen müssen. Die gelben Brokatvorhänge hingen nun wirklich nur noch als Fetzen herunter. Das Schnitzwerk an der altdeutschen Kredenz schien zu bröckeln. Die wenigen Bilder an den vergilbten Wänden bedeckte eine trübe Schmutzschicht. Nur „Oma in Essig und Öl", wie sie als Kinder das Portrait ihrer Großmutter despektierlich genannt hatten, schien noch ein wenig der ursprünglichen Frische behalten zu haben. Lisa lächelte bei dem Gedanken an die Respektlosigkeit der Enkel vor dem Ölgemälde, das wirklich kein besonders wertvolles Kunstwerk war.

Da fiel ihr Blick auf die blaue Vase. Was hatte die Oma da immer gefaselt? Da oben steht ein VW? Plötzlich wurde Lisa lebendig. Vorsichtig nahm sie die Vase von der Kredenz, wickelte sie behutsam in einen Fetzen, den sie von den alten Vorhängen riss und bettete sie zwischen zwei alte, brüchige Seidenkissen in ihre Einkaufstasche. Zuletzt nahm sie noch Omas Portrait von der Wand und die wenigen, nicht angeschlagenen Stücke des alten Porzellangeschirrs aus der Kredenz. Dann verließ sie den traurigen Ort. Den Rest würde sie von einem Altwarenhändler abholen lassen.

Als Lisa mit ihrer Erbschaft nach Hause kam, lachte ihr Mann sie aus. Lisa aber zuckte nur mit den

Achseln. Sie war plötzlich felsenfest davon überzeugt, dass Großmutter ihnen helfen würde.

Am nächsten Tag trug sie die Vase in das Auktionshaus der Stadt. Sie fragte sich bis zu einem unwirschen, älteren Herrn durch, der als Schätzmeister für Porzellan fungierte. Als Lisa dessen Zimmer betrat, war er ziemlich ungehalten über die Störung. Als sie jedoch die blaue Vase aus dem alten Fetzen auswickelte, konnte Lisa feststellen, dass dem Mann die Luft wegblieb.

„Delft", schnaufte er, „um 1700!" Mit unglaublicher Zärtlichkeit streichelte er den Bauch der Vase und strahlte vor sich hin. Lisa verstand nur „Bahnhof". Aber sie wagte nicht, in diesem Augenblick der restlosen Bewunderung nach dem Wert zu fragen.

Endlich bemerkte der Schätzmeister, dass sie noch immer da war. Ungehalten fragte er: „Was wollen Sie wissen?" Sehr eingeschüchtert stellte Lisa ihre Frage: „Vielleicht können Sie mir sagen, was das alte Porzellan wert ist?"

Kaum war die Frage ausgesprochen, merkte Lisa, dass sie offensichtlich ins Fettnäpfchen getreten war, denn der Mann lief puterrot an, als würde ihn in jedem Moment der Schlag treffen. „Sie ignorante Banausin!" brüllte er, „das ist kein Porzellan, sondern Delfter Fayence aus der frühesten Periode. Wenn sie es dem Richtigen anbieten, bekommen Sie wahrscheinlich zwanzigtausend gute Blätter, aber das werden Sie wohl nicht! Das Stück ist eine Rarität und ich habe einen Kunden, der zahlt Ihnen sicher genauso viel!"

Lisa war zwar vielleicht tatsächlich eine Banausin, was Antiquitäten betraf, aber ganz blöd war sie nun auch wieder nicht. Sie packte die Vase, so schnell sie konnte, hüllte sie wieder in die verschlissenen Fetzen und rauschte, ein leises „besten Dank" hauchend, fluchtartig aus dem Zimmer. Dies geschah so schnell, dass der verblüffte, cholerische Schätzmeister vergaß, seinen Mund zu schließen. Seinen gierigen, froschäugigen Blick würde Lisa so schnell nicht vergessen.

Über einen bekannten Rechtsanwalt bot Lisa die blaue Vase in einem internationalen Auktionshaus zur Versteigerung an. Der Preis, der erzielt wurde, stellte alles in den Schatten. Wenige Wochen später stand vor dem bescheidenen Reihenhaus, in dem Lisa mit ihrem Mann wohnte, ein weißer VW Golf mit blauer Polsterung. Lisa hatte es sich nicht nehmen lassen, die bevorzugten Delfter Farben zu nehmen, auch wenn diese Extra-Ausstattung ziemlich teuer war. Im kleinen Speisezimmer aber hing „Oma in Essig und Öl". Wenn Lisa an ihr vorbeiging, glaubte sie das Ölbild manchmal lächeln zu sehen – oder grinste Oma gar?

Kann man Nostalgie übertreiben? Wahrscheinlich! Und angeblich sind Frauen viel stärker dafür empfänglich als Männer. Grund genug, die alte Geschichte am Anfang ein bisschen zu gendern, oder etwa nicht?

Der alte Besen

In der Ecke lehnte ein alter Besen. Er war schon ziemlich ausgefranst und arg schmutzig. Aber Meggi, eine sonst sehr pedantische Person bei allem, was ihren Haushalt anging, konnte sich von dem alten Stück nicht trennen. Schon seit Monaten lehnte er da, der alte Besen, aber immer, wenn sie sich schon fast dazu entschlossen hatte, ihn endlich auszusortieren, tat ihr der Besen leid. Wie viele gute Dienste hatte er ihr geleistet, wie große Mengen Dreck zu sauberen Häufchen gekehrt. Was aber das Beste an dem Besen war: er war so unwahrscheinlich stabil. Man/frau konnte sich während des Aufräumens ab und zu ganz lässig auf den starken, aus Hartholz gefertigten Stiel stützen und verschnaufen. Und das war noch nicht alles: denn nicht nur verschnaufen konnte man/frau. Es schwirrten auch die auch die tollsten Ideen durch den Raum, solange man/frau an dem alten Besenstiel lehnte.

Natürlich wusste Meggi, dass dieser Gedanke Unsinn war. Ein alter Besen ist nun nichts anderes als ein abgenützter Gebrauchsgegenstand. Es lag ihr auch fern, Übersinnliches in den Besen hinein zu interpretieren, bloß weil sie nachweislich etwas zu viel Fantasie und etwas zu wenig Realitätssinn mitbekommen hatte. Denn trotz ihres ständigen Bemühens, die Dinge ohne ihre verträumten Gedanken zu betrachten, konnte sie sich des Eindrucks nicht erwehren, dass Tante Ada eine Hexe war. Von ihr hatte sie den Besen als Hochzeitsgeschenk bekommen, worüber sie damals sehr verärgert gewesen war. Nicht hasste Meggi mehr als prosaische Geschenke.

Diese Abneigung und das unerklärliche Verhältnis zu dem alten Besen waren es, die den schwersten Ehekrach seit vierzehn Jahren heraufbeschworen. An jenem denkwürdigen Abend, als es passierte, kam nämlich Meggis Gatte Felix ein wenig früher als sonst aus dem Büro nach Hause. Er trug einen langen, sorgfältig verpackten Gegenstand unter dem Arm, der sich als nagelneuer, blitzblauer Besen mit neongelben Kunststoffborsten entpuppte. Voll Stolz hielt Felix dieses Ding Meggi entgegen und erwartete, von ihr wegen seiner demonstrativen Häuslichkeit und Aufmerksamkeit, was ihre wirtschaftlichen Bedürfnisse anging, gelobt zu werden. Meggi jedoch reagierte sauer. Was focht ihren Gatten an, ihr ein solches Geschenk zuzumuten? Sie fauchte ihn an, was sie mit diesem neuen Plastik-Unding machen sollte, wo doch der alte, edle Holzbesen noch völlig in Ordnung sei. Sie stritten sich die längste Zeit, denn Meggi schien immer weniger vernünftigen Argumenten zugänglich zu werden, je heftiger Felix über die so offensichtlichen Mängel des alten Besens herzog.

Nach einem reichlich lautstarken Austausch wenig freundlicher gegenseitigen Beschuldigungen ließ Felix sich, mit einem Zug echter Verbitterung um die trotzig geschlossenen Lippen, in seinen Fernsehsessel fallen und schaltete die Nachrichten ein. Er wusste keine andere Möglichkeit, Meggis wenig objektiven Strom von Beschwerden und Nörgeleien über die Unzumutbarkeit des Hausfrauendaseins im Allgemeinen und ihres im Besonderen zu stoppen, als sich aus dem Zweikampf herauszunehmen, was Meggi aber nicht daran hinderte, weiter zu lamentieren. Als hätte allein der Ankauf eines neuen Besens genügt, sämtliche seiner kleineren und größeren Vergehen im Laufe ihrer langjährigen, größtenteils glücklichen Ehejahre hervorzukehren, beschoss ihn Maggi mit einer Unzahl teils vielleicht sogar berechtigter, teils aber völlig absurder Vorwürfe, ohne ein Ende zu finden. Vergeblich bemühte sich Felix, sich auf das Geschehen am Bildschirm zu konzentrieren, bis ihn endlich die Wut packte: Er sprang auf, riss den alten Besen aus seiner Ecke und brüllte: „Wenn der blöde Besen schon so etwas Besonderes ist, dann reite doch von mir aus auf ihm durch den Kamin – und lass Tante Ada schön von mir grüßen – die alte Hexe!"

Meggis Wut war nicht geringer, als sie mit einem maliziösen Lächeln den Besen bestieg und bei der Balkontüre hinausritt. Winkend flog sie eine Art Ehrenrunde um den Kamin und verschwand.

Es erübrigt sich wohl, zu beschreiben, wie nahe Felix einem Schlaganfall war. Er wusste beim besten Willen nicht, wie er sich verhalten sollte. Kein Mensch würde ihm diese Geschichte glauben. Man würde ihn für einen abnormen Rechtsbrecher halten, der seine Frau auf mysteriöse Weise um die Ecke gebracht hat, wenn erst bekannt würde, dass Meggi nach einem Ehestreit spurlos verschwunden war. Die Story, dass sie als Hexe auf einem Besen das Weite gesucht hätte, würde ihm bestenfalls die Einweisung in eine Anstalt einbringen. Ziemlich verzweifelt versank er in seinem Fernsehsessel und dachte nach. Allerdings brachte ihn sein Nachdenken auf keinen grünen Zweig.

Als Felix lange nach Mitternacht in seinem Sessel aufwachte, flimmerte nur mehr „Schnee" über die Mattscheibe. Vor ihm auf dem niederen Wohnzimmertischchen stand eine Flasche von Tante Adas Selbstgebranntem. Daneben lag ein Zettelchen, auf dem in Meggis zierlicher Handschrift stand:

„Schöne Grüße von den Hexen Ada und Meggi – und lass uns wieder gut sein, mein armer Liebling!"

Die brennende Frage, ob er die skurrile Szene mit Meggis Hexenritt tatsächlich erlebt hatte, spülte Felix mit drei gut gefüllten Gläschen des edlen Gebräus hinunter. Fest stand zumindest, dass Meggi schon seit Stunden friedlich im Ehebett schlief. Ebenso fest steht aber auch, dass der Fernsehschlaf manchmal als der beste Schlaf betrachtet wird, aber Alpträume nicht explizit ausschließt.

Mon Cherie (Acryl auf Papier)

Selbst heute noch (2020), nach mehr als 75 Jahren, tauchen in den Medien immer wieder Geschichten auf, wie Menschen auf der Suche nach ihren Wurzeln Väter, Geschwister, Freunde wiederfinden, die in den Kriegswirren verschollen sind. Noch lange ist nicht alles von damals aufgearbeitet und - zum Glück – auch nicht vergessen.

Der Nerz

In der Garderobe des Schauspielhauses arbeitete seit vielen Jahren eine kleine, schlanke Frau. Von den eleganten Damen und Herren, die Abend für Abend die Garderobe frequentierten, wusste niemand, dass die zarte, weißhaarige Person, die stets mit einem etwas devoten Lächeln die lässig auf die Marmorplatte hingeworfenen Mäntel und Jacken, Stolas und Schals, Schirme und Hüte in Empfang nahm, einen adeligen Namen trug: Josephine, Freifrau von Hanau. Josephine selbst hatte ihre hochgeborene Abkunft geflissentlich verschwiegen, denn eine adelige Garderobenfrau passte nicht in ihr Weltbild. Viele Wochen hatte es damals gedauert, bis sie sich an den Gedanken gewöhnt hatte, dass eine von Hanau als simple Garderobenfrau – früher hätte man wenigstens noch Garderobiere gesagt – von jenen Leuten Trinkgelder annehmen musste, die in ihrer Familie stets als Neureiche belächelt worden waren. Aber dieser gottverdammte Krieg hatte ja die Karten neu gemischt und alle Werte verschoben. Wenn man ihn ohne körperlichen Schaden überlebt hatte und zudem noch über einen sicheren Job mit Pensionsberechtigung verügen konnte, musste man in ihrer Lage schon zufrieden sein. Josephine war auch zufrieden, nachdem sie den Schock wegen ihrer Flucht aus der Heimat im Osten, den Verlust von Familie, Vermögen und Titel endlich überwunden hatte. Sie war zufrieden mit ihrer gesicherten Existenz und dem, was sie sich in den Nachkriegsjahren durch geschicktes Wirtschaften und Fleiß erarbeitet hatte, um ein ruhiges, beschauliches Leben führen zu können – bis zu jenem Abend im Herbst 1985.

Der Gong hatte schon zum dritten Mal geläutet. Die meisten Besucher waren bereits im Zuschauerraum verschwunden. Da eilte eine sehr junge Dame die Treppe empor, zog noch im Laufen ihre Jacke aus und warf sie gar nicht damenhaft der Garderobenfrau in die Arme. Aus ihrem Täschchen fingerte sie rasch ein paar Münzen, knallte sie auf den Marmor, entriss Josephine hastig den Garderobenschein und schaffte es so gerade noch, rechtzeitig zu ihrem Platz zu kommen.

Josephine schüttelte ein wenig den Kopf über die ungestüme Person, nahm behutsam die Jacke – und erstarrte. Diese Jacke, dieser Nerz kam ihr irgendwie bekannt vor. Die Felle waren schon etwas abgenutzt. Der Schnitt entsprach keineswegs der jetzigen Mode. Sie drehte den Pelz um und hielt ihn ans Licht. Das Futter war an einigen Stellen schleißig, aber nur ganz wenig. Es war eine gute Arbeit – eine Meisterarbeit der Kürschnerei Weidner aus Dresden. Das war es ganz sicher, wenn … ja, wenn es zutraf, was Josephine vermutete. Sie suchte nach dem Etikett. Der erste Blick bestätige ihre Annahme. Es war ein Nerz aus Dresden. Unter dem Etikett aber befanden sich die

Reste einer silberfarbenen Stickerei. Der Silberfaden war in der langen Zeit schwarz geworden. Als sie die Jacke gegen das Licht hielt, konnte sie die gestickten Initialen noch einwandfrei entziffern: J.v.H.

Josephine wurde blass. Es gab keinen Zweifel. Da stand wirklich J.v.H. Es gab wirklich nicht den geringsten Zweifel. Es war ihre Jacke, die ihr Onkel Alfons 1939 zum achtzehnten Geburtstag geschenkt hatte.

Josephine musste sich setzen. Nie hätte sie daran gedacht, dass die Vergangenheit sie in dieser Form einholen würde. Die Frage war, wie die junge Dame in den Besitz ihrer Jacke gekommen war und welch seltsame Wege das Kleidungsstück hinter sich haben musste, wenn es nach so vielen Jahren im Westen auftauchte?

Zärtlich drückte Josephine das Fell gegen ihre eingefallenen Wangen. Sie konnte ihre Rührung nicht verbergen. Ihre Jacke, Onkel Alfons' letztes Geschenk, bevor er an die Front musste, wo er als einer der ersten, selbstverständlich als großer Held, fiel. Später, als sie alle flüchten mussten, gab es keine solchen Helden mehr – nur mehr Opfer.

Josephine war vom ersten Moment an, da sie die Jacke in Händen hielt, entschlossen, der jetzigen Besitzer auszuforschen, um eventuell über den Weg der Jacke etwas von ihrer verschollenen Familie zu erfahren. Sie hatte schon oft in Illustrierten rührende Geschichten von wiedervereinten Familien gelesen. Obwohl sie nach langjährigen Bemühungen des Suchdienstes des Roten Kreuzes die Hoffnung aufgegeben hatte, noch jemanden von ihrer Verwandtschaft ausforschen zu können, hatte sie doch nie ganz den

Gedanken unterdrückt, doch irgendwann wenigstens etwas über das Schicksal ihrer Lieben zu erfahren. Jetzt war da ganz unvermutet eine Spur. Im Moment wusste sie noch nicht recht, wie sie es anfangen sollte. In den drei Stunden, die das Schauspiel dauerte, sollte sie genügend Zeit haben, sich einen Plan zurecht zu legen.

Nach der Vorstellung strömten die Besucher in dichten Trauben an die Garderobe und drängten eilig vorwärts. Mechanisch nahm Josephine die ihr entgegengestreckten Nummern und teilte Mäntel, Jacken, Hüte, Schirme aus ohne genau hinzusehen. Sie wartete nur auf die eine Nummer. Als das Fräulein ihr den leicht zerknitterten Schein mit der Nummer 312 über den Tisch reichte, erschrak Josephine doch ein wenig, aber sie war fest entschlossen, den Nerz – ihren Nerz – zu verteidigen, auch wenn sie dabei vielleicht sogar mit dem Gesetz in Konflikt kommen sollte. Rasch riss sie den Garderobeschein an sich, eilte nach hinten zu den Kleiderständern und holte dort ihre eigene, fast neue Kaninchenjacke. Wie selbstverständlich reichte sie diese der jungen Dame, die sehr rasch reagierte und reklamierte: „Das ist nicht meine Jacke. Da muss eine Verwechslung vorliegen!"

Als wäre sie bass erstaunt, erwiderte Josephine: „Oh, das tut mir aber leid! Da müssen irgendwie die Nummern verwechselt worden sein. Zu dumm! Entschuldigen Sie vielmals! Aber leider muss ich Sie bitten, sich zu gedulden, bis die Verwechslung aufgeklärt ist."

Zum Glück war das Fräulein gut aufgelegt und reagierte in keiner Weise ungehalten. Sie setzte sich auf eine Bank im Foyer und wartete. Hätte sie geahnt, dass sie umsonst warten musste, wäre sie vielleicht nicht so gelassen geblieben. Erst als alle Leute das Theater verlassen hatten und schon die Lichter gelöscht wurden, trat die kleine Garderobenfrau auf sie zu:

„Es ist wirklich zu dumm, aber die Dame, die Ihre Jacke bekommen hat, ist entweder nicht ehrlich oder hat die Verwechslung noch gar nicht bemerkt. Ich bin untröstlich – weiß gar nicht, was ich jetzt machen soll?"

Im ersten Moment war die junge Dame wütend über die Schlamperei, dann aber lachte sie: „Ach, wissen Sie! Der Nerz war steinalt – noch von vor dem Krieg. Eigentlich gefällt mir diese Kaninchenjacke ohnedies viel besser. Schade nur, dass ich sie nicht behalten kann. Aber ich lasse Ihnen meine Adresse da. Wenn mein Uralt-Pelz wiederauftaucht, können Sie mich ja verständigen."

Genau das war es, was Josephine wollte – die Adresse. Diensteifrig drängte sie der jungen Dame die Kaninchenjacke auf und log unverfroren: „Sie brauchen sich wirklich keine Gedanken zu machen! Wenn ein Schaden entstanden ist, kommt die Versicherung des Theaters dafür auf. Jetzt geben Sie mir nur Ihre Adresse und nehmen das Jäckchen. Sie müssen deshalb nicht halbnackt nach Hause gehen. Alles andere bringe ich schon in Ordnung!"

Wenigstens der letzte Satz würde der Wahrheit entsprechen, dachte sie. Selbstverständlich würde sie die Angelegenheit in Ordnung bringen, selbst wenn sie ihr mühsam Erspartes für die Neuanschaffung einer Nerzjacke opfern müsste. Das Fräulein schrieb Name und Adresse auf die Rückseite der Eintrittskarte, kuschelte sich in die Kaninchenjacke und verließ zufrieden das Schauspielhaus. Josephine stand noch eine Weile im dunklen Foyer und drückte den Nerz an ihre tränenfeuchten Wangen.

Der Kürschner, dem Josephine am nächsten Tag die Jacke vorlegte, schüttelte nur bedauernd den Kopf. Die Umarbeitung der alten Felle würde sich nicht lohnen. Das alte Stück sei leider nichts mehr wert. Das kleine, weißhaarige Frauchen tat ihm richtig leid. Er versuchte, ein besonders günstiges Angebot für eine neue Pelzjacke aus preisgünstigeren Fellen zu machen, aber Josephine lehnte höflich dankend ab und ging. Wie hätte sie dem freundlichen Kürschner auch erklären können, dass sie über seine Auskunft ganz und gar nicht traurig war, sondern im Gegenteil sehr froh. Sie würde die Jacke auf jeden Fall zu einem erschwinglichen Preis ablösen können und zur Erinnerung behalten. Der Gedanke beruhigte ihr Gewissen ein wenig. Schließlich hatte sie die Jacke ja so gut wie geklaut – derartige Machenschaften waren ihr fremd und erschienen ihr äußerst unmoralisch.

Die Wohnhäuser in der Parkstraße sahen alle ähnlich aus. Es war nicht die beste Wohngegend der Stadt. Die Architektur der kurz nach dem Krieg entstandenen Häuserzeilen war zumindest fraglich.

Josephine wanderte eine Weile an den Gebäuden auf und ab. Sie versuchte, sich Mut zu machen. Was würde sie erwarten? Endlich entschloss sie sich, das Haus Nummer 12 zu betreten. Hastig stieg sie die drei Treppen des rotgestrichenen Stiegenhauses hoch. Atemlos blieb sie vor der Türe Nummer 6 stehen. Ein kleines, vergilbtes Namensschild aus Pappe verriet, dass hier ein Herr oder eine Frau G. Gerber wohnte.

Mit diesem Namen, den auch das Fräulein in Theater angegeben hatte, verband Josephine jedoch keine Erinnerungen. Sie war sich nicht mehr sicher, ob sie das Richtige tat. Sie zögerte, anzuläuten. Es war weniger die Angst, sich heillos zu blamieren, als vielmehr die Angst davor, wieder nichts von ihrer verschollenen Familie zu erfahren. Wer wusste schon, durch welchen seltsamen Zufall der Nerz in fremde Hände geraten war? Wer konnte sich denn nach so vielen Jahren noch an die chaotischen Zustände im und nach dem Krieg erinnern? Vielleicht hatten sogar Plünderer die ganzen schönen Sachen aus dem Elternhaus in Dresden verschleppt. Oder aber ….

Josephine wusste, dass es unzählige Möglichkeiten gab, die überhaupt nichts mit ihrer Familie zu tun haben mussten. Sie fürchtete sich so sehr vor einer neuen Enttäuschung, dass sie beschloss, das Haus wieder zu verlassen und den Nerz per Post an die jetzigen Eigentümer zurückzusenden.

In diesem Moment stürmte, jeweils zwei Stufen auf einmal nehmend, die junge Dame das Stiegenhaus herauf. Als sie Josephine sah, rief sie erfreut: „Oh, wie schön! Sie haben unseren Nerz gefunden! Wie gut! Mutter hat mir gehörig die Hölle heiß gemacht, weil ich Onkel Alfons' Pelz verloren habe!"

Josephine wurde schwarz vor den Augen. Sie glaubte, nicht richtig gehört zu haben. Hatte das junge Ding wirklich „Onkel Alfons' Pelz" gesagt? Onkel Alfons war seit 1940 tot! Sie musste sich am Türstock festhalten, um nicht umzufallen.

Das Fräulein sprang herzu und wollte sie stützen. Besorgt fragte sie: „Ist Ihnen schlecht?" Energisch fasste sie das kleine Frauchen unter dem Arm. „Kommen Sie! Mutter soll Ihnen einen Tee kochen. Dann wird Ihnen gleich besser!" Sie sperrte die Wohnungstüre auf und führte Josephine durch eine schmale Diele in ein kleines Wohnzimmer. Dort saß in einem Fauteuil eine ebenfalls kleine, ältere, weißhaarige Frau, die ihren Augen nicht trauen konnte. Kam da nicht ihre verschollene, totgeglaubte Schwester Josephine zur Türe herein? Auch Josephine glaubte zu träumen. Saß da nicht ihre verschollene, totgeglaubte große Schwester Johanna?

Die junge Dame bemerkte das Erstaunen der beiden und wunderte sich: „Hallo! Was habt ihr denn? Seht ihr Gespenster, oder was?" Damit brach der Bann. Als hätte man sie von einer Kette losgelassen, stürzten die beiden älteren Frauen aufeinander zu, riefen sich gegenseitig beim Namen und klammerten sich so fest aneinander, als wollten sie auf jeden Fall verhindern, jemals wieder getrennt zu werden.

Es dauerte eine ganze Weile, bis genug Freudentränen geflossen waren. Dann erst konnten beide, zunächst noch unzusammenhängend und wirr, doch bald zeitlich geordneter und ausführlicher über all die Geschehnisse der vergangenen Jahre berichten.

Trotz der unzweifelhaft enormen Dramatik der Situation fing Josephine plötzlich an zu lachen. Johanna sah sie erstaunt an. „Weißt du noch", fragte Josephine, „was Onkeln Alfons damals sagte, als er mir den Nerz schenkte, übrigens ein völlig unpassendes Geschenk für so ein junges Ding?" Nun kicherte auch Johanna: „Na klar – und er hatte unbedingt recht!"

„Ja, er hatte wirklich recht, der Gute, als er sagte: diese teuren Viecher haben mir die letzten Haare von Kopf gefressen! Aber bei meiner fortgeschrittenen Glatze macht das auch nichts mehr aus: Hauptsache, unserem Josephinchen ist stets warm ums Herz!"

Und warm ums Herz war in diesem Moment nicht nur ihr.

Schlafstörung

Einundzwanzig weiße Schafe…
zweiundzwanzig weiße Schafe…
und der Schlaf stellt sich nicht ein.
Die Gedanken ziehen Kreise,
Räder schlagen die Ideen,
und ich frage mich – ganz leise -
wie soll das nur weiter geh'n.

Hundertachtundsechzig Schafe,
hundertneunundsechzig Schafe…
und der Schlaf ist immer ferner.
Wollt' ich nicht nach Hause schreiben?
Die Vergesslichkeit macht Sorgen,
ich muss bei meiner Arbeit bleiben -
Quatsch! Nein, heut' nicht,
doch erst morgen!

Tausendvierundneunzig Schafe,
tausendfünfundneunzig Schafe…
doch an Schlaf ist nicht zu denken.
Da das Geld mir nicht mehr reicht,
und die Rechnungen hier liegen,
könnte morgen ich vielleicht
einen kleinen Vorschuss kriegen?

Siebentausendachtzig Schafe …
rrrrrr – der Wecker rasselt laut.
Ach, ich wünsch', ich hät' im Schlafe
manche Sorge abgebaut!

Weltverdruss (Aquarell)

Teil 2:
AUS DER ARBEITSWELT

Erzählungen, Kurzgeschichten und Lyrik

Vorinformation:

In den Sechziger- und Siebzigerjahren des vergangenen Jahrhunderts befassten sich Literaten wie Max von der Grün, Bruno Gluchowski, Christian Geissler, Günter Wallraff u.a. mit den Gegebenheiten der kapitalistischen Arbeitswelt. Später (nach 1990) gab es auch in Innsbruck einen kleinen Zirkel engagierter Autoren, die sich mit dem Alltag der arbeitenden Bevölkerung befassten. Was mir dazu einfiel, finden Sie im Folgenden.

Der erste Tag

Morgen fängt der Ernst des Lebens an,
sagt der Vater,
und blättert in der Fernseh-Zeitung.

Morgen musst du früher aufsteht,
keift die Schwester,
und lackiert die Zehennägel.

Morgen putzt du aber schon die Schuhe,
mahnt die Mutter,
und näht Knöpfe an das frische Hemd.

Morgen geht der Karli in die Arbeit,
kräht der Kleine,
und klatscht übermütig in die Händchen.

Morgen bin ich tot vor Angst,
denkt der Karli,
und wünscht sich ein kleines Wunder.

Heute ist ein großer Tag, mein Junge,
sagt der Vater,
und klopft Karli auf die Schulter.

Heute bist du reichlich früh `dran,
ätzt die Schwester,
und streicht Butter auf die Semmel.

Heute siehst du sehr adrett aus,
lobt die Mutter,
und zerdrückt gerührt die Tränen.

Heute muss der Karli in die Arbeit,
klagt der Kleine,
und greift traurig nach dem Spielzeug.

Heute ist die Angst noch schlimmer,
denkt der Karli,
und er lächelt sehr verlegen.

Gestern gab's den ersten Lohn für Karli,
sagt der Vater,
und ist stolz und auch erleichtert.

Gestern hat der Karli Bier gesoffen,
tratscht die Schwester,
und verhüllt nur schwer den Neid.

Gestern hab' ich einen Blumenstrauß bekommen,
strahlt die Mutter,
und rührt angestrengt im Kochtopf.

Gestern war der Karli wieder in der Arbeit,
lallt der Kleine,
und saugt ungeniert am linken Daumen.

Gestern war es schon ein Monat,
denkt der Karli,
und die Angst – ich hab' sie überstanden.

Sprechen Sie mit mir NICHT über „Arbeit"!

(autobiografisch)

Sie sind davon überzeugt, dass Arbeit das Leben versüßt? Dann ist es wohl besser, wenn wir das Thema wechseln, denn für mich war „Arbeit" ein Reizwort, solange ich mich zurück erinnern kann. Die Belegung dieses Begriffes mit ausschließlich unangenehmen Erfahrungen und Empfindungen reicht bis in meine früheste Kindheit zurück.

„Sei nicht so lästig, die Mama muss arbeiten" ist der Schlüsselsatz, der mir bewusst machte, dass mit der Verpflichtung zur „Arbeit" nichts Angenehmes verbunden sein konnte. Schließlich schränkte diese „Arbeit" sehr empfindlich meine persönliche Freiheit ein. Die Verknüpfung „Mama + Arbeit = Entzug der uneingeschränkten Zuwendung" prägte meine Einstellung zur Arbeit schon so früh, dass alle nachfolgenden Verbindungen mit dem Begriff „Arbeit" dazu verurteilt waren, Negativempfindungen auszulösen. Das übertrug sich unter anderem auch auf das „Geschäft", in das der Opa zur „Arbeit" gehen musste. Ich vertrat vehement den Standpunkt, dass der Opa mir gehörte. Mit einem kleinen Trick schaffte es der kluge Großvater immerhin, dem „Geschäft" in den Augen eines kleinen Mädchens einen positiven Sinn zu geben. Er brachte bunte Stoffreste, Knöpfe oder Bänder mit, die schon damals meine Kreativität beflügelten und mir die Einsicht eröffneten, dass ein „Geschäft" zumindest von einer gewissen, wenn auch eingeschränkten Nützlichkeit sein könnte.

Wenig Verständnis brachte ich jedoch für Vaters „Doktorarbeit" auf. Eine ganze Reihe von Begriffen wurden dadurch für mich negativ belastet, angefangen vom „Schreibtisch", auf dem ich nichts in Unordnung bringen durfte, über die „Universität", einen geheimnisvollen Ort, an dem seltsame Leute, die „Professoren" von den Menschen so ungeheuerliche Dinge wie „Lernen" verlangten, bis hin zum „Doktor", einem Mann, den man von vornherein aus ganzem Herzen fürchten musste. Dass mein Papa dafür, ein solches Monster zu werden, so oft und schwer arbeiten musste, erschien mir ebenso völlig absurd wie die Behauptung meiner Mutter, dass meine Spielkameradin schrecklich arm sei, weil deren Papa „arbeitslos" war.

Eine besonders herbe Enttäuschung erlebte ich mit meiner Tante. Sie war nur zwölf Jahre älter als ich, also durchaus noch ein Mensch, der bei Vernachlässigung kleinerer Unterschiede in die mir entsprechende Kategorie „Kind" passte. Anfangs war daher mein Verhältnis zu ihr bestens. Dann allerdings begann sich die „Schule" in einem Maße zwischen uns zu drängen, welches für mich keinesfalls akzeptierbare Formen annahm. Die „Schule" wurde für mich zum schaurigsten aller Orte, noch ehe ich einen Fuß dorthin gesetzt hatte.

Können Sie sich vorstellen, dass ich mit dem Gefühl, zum Schafott geführt zu werden, den Weg zur Schule antrat?

Doch ich hatte unverdientes Glück. Meine natürliche – manche sagen, übertriebene – Neugier siegte über die Angst. Durch das bewundernswerte pädagogische Talent meiner ersten Lehrerin erfuhren die unbeschwerten Kleinkindertage eine Verlängerung. Die kluge Frau vermied es äußerst geschickt, unsere Betätigung in der Schule als „Arbeit" zu bezeichnen. Lernen sollte Vergnügen bereiten. Mit dieser Ansicht war sie deutlich ihrer Zeit voraus. Bunte Birnen und Äpfel zwischen den noch etwas wackeligen Zeilen mit I und U und A störten die gute Frau überhaupt nicht – im Gegenteil: sie verstand es, Talente zu wecken und zu fördern.

Wegen der Übersiedlung meiner Familie in einen anderen Stadtteil musste ich jedoch die Schule wechseln. Als einzige Alternative bot sich eine Klosterschule an. Dort schrieb man, der klerikalen Sendung entsprechend, „ARBEIT" groß. Der fromme Leitsatz „Ora et labora" wurde für mich zum lebenslänglichen Alptraum. Das Beten zu Beginn jeder Unterrichtsstunde hätte ich ja noch akzeptieren können, obwohl mir das mechanische Absingen sinnentleerter Phrasen sehr bald langweilig wurde. Was aber die manische Arbeitswut der frömmlichen Schwestern betraf, so war es mir absolut unmöglich, mich dieser auch nur annähernd anzupassen.

Sicher kennen Sie die immer wiederkehrenden Vorwürfe von Lehrern: „Du arbeitest nicht mit! Du arbeitest schlampig! Deine Arbeit ist ungenügend! Deine Arbeit reicht nicht aus! Deine Arbeit ist unter jeder Kritik!" Mit erschreckender Regelmäßigkeit wurde ich damit bombardiert, und zwar so lange, bis ich, wie man heute sagen würde, psychisch am Ende war. Allein das Wort „Arbeit" löste bei mir einen so heftigen Widerstand aus, dass ich für die frommen Frauen zu einem gravierenden pädagogischen Problem wurde. Heute würde der Schulpsychologe feststellen, dass ich ein „verhaltensauffälliges" Kind war. Nicht etwa, dass ich weinte oder schweigend bockte – nichts dergleichen. Ich trainierte den offenen Widerstand mit allen mir zur Verfügung stehenden Mitteln. Den frommen Sprüchen begegnete ich voll ingrimmiger Boshaftigkeit mit den unartigsten Erwiderungen, die ich in diesem Alter kannte. Was bei mir in dieser Zeit tatsächlich fast in „Arbeit" ausartete, waren meine intensiven Bemühungen, mir bei den „Hinterhofkindern" Nachschub an ordinären Wörtern zu holen, um die Schwestern gehörig schocken zu können – als gezielte Form der Rache für die Quälereien mit der „Arbeit" in der Schule.

Sie können sich denken, dass mein Zeugnis besonders schlecht ausfiel. Nach einem mühsam durchgestandenen Schuljahr konnte ich zum Glück wieder an meine alte Schule wechseln. Die liebevollen Bemühungen meiner Lehrerin brachten mir zwar ein besseres Zeugnis ein, das mir den Besuch des Gymnasiums ermöglichte. Meiner Abneigung gegen „Arbeit" konnte sie jedoch auch mit ausgeklügelten pädagogischen Tricks nicht mehr Herr werden. „Arbeit" war und ist für mich das „Negative" schlechthin, das alle Schönheiten und Annehmlichkeiten des Lebens gründlich verdirbt.

Im Rückblick auf meine Schulzeit resultiert der Gesamteindruck in der profanen, rein rhetorischen Frage: „Arbeiten haben Sie wohl nie gelernt?"

Jetzt fragen Sie mich bestimmt, ob und wie es mir gelingt, der Arbeit zu entgehen?

Ob Sie es glauben oder nicht: es gelingt mir! Es stimmt zwar, dass ich, wie die meisten Menschen, einer bezahlten Beschäftigung nachgehen musste, um die Bedürfnisse meines Lebens zu decken. Mit ein wenig Geistesakrobatik habe ich es jedoch geschafft, die Arbeit als solche mit unzähligen, sogenannten künstlerischen Aktivitäten zu kaschieren, meinen Tätigkeiten die buntesten Deckmäntelchen umzuhängen, die ich finden konnte. Ich wurde das, was man heute landläufig gerne „kreativ" nennt. Ich arbeite nicht: ich schöpfe! Und wehe dem, der meine Schöpfungen als „Arbeiten" und meine Methode als Selbstbetrug bezeichnet! Ich weiß mich dagegen zu wehren, verlassen Sie sich darauf!

Denken Sie nun aber nicht, ich hätte einen gangbaren Weg gefunden, den irdischen Mühen zu entgehen! Da muss ich Sie enttäuschen. Sie glauben gar nicht, wie müde ich nach einem schöpferischen Tag bin, wie ausgelaugt, wie erschlagen, wie schwach, wie leer – ganz so als hätte ich **„gearbeitet"!**

Wir suchen eine(n) Nachfolger(in)

(Geschrieben am 2.10.1990, „gegendert" 2020)

Das Sprichwort von dem Unglück, das selten allein kommt, traf in besonders ärgerlicher Weise auf unseren Betrieb zu. Nach einem totalen Head-Crash unseres Computers, bei dem eine große Zahl an Daten verlorengegangen war, weil unser Operator (heute heißt das wohl Informatikfachmann/-frau) zu faul oder zu langsam oder zu nachlässig gewesen war, diese entsprechend zu sichern, erkrankte unser Buchhalter und zuletzt entschloss sich auch noch unser Kanzleimädchen (auf gut „neuhochdeutsch": office assistant), den Beruf zu wechseln und Krankenschwester zu werden. Beate vertrat ganz plötzlich und für uns unverständlich den Standpunkt, dass sie lieber arme Kranke pflegen würde, als uns hier tagtäglich zu bedienen und unsere Launen zu ertragen. Der Fehler am Computer war unter Einsatz von etwas Zeit und Geduld noch relativ einfach zu beheben. Den Ausfall des Buchhalters konnten wir einigermaßen verschmerzen, weil seine Vertreterin gut eingearbeitet war. Aber der Verlust unserer Beate traf die ganze Belegschaft besonders hart. Plötzlich war niemand mehr da, der/die Kaffee kochte, im Bedarfsfall jeden Fresszettel einzeln kopieren ging, der/die den so schwer beschäftigten Herren tagelang wegen einer Unterschrift nachlief, der/die uns auf perfekte Art am Telefon verleugnete, der/die ohne zu murren stundenlange die Ablage nach einem bestimmten Schriftstück durchstöberte, während das Papierchen ohnedies am Schreibtisch des

Chefs lag, der/die Belege lochte und sortierte, der/die Bleistifte spitzte und Klammermaschinen nachfüllte, der/die Mappen von einem Zimmer in das nächste und wieder zurück trug – und, und, und. Kurzum – es war eigentlich niemand mehr da, der wirklich arbeitete - nicht so wie wir anderen, die ihren überragenden Geist sprühen ließen, während wir sogenannte manuelle Arbeit delegierten, sondern eben genauso, wie sich der einfache Bürger Arbeit vorstellt. Beate fehlte jedem von uns. In der Betriebsbesprechung waren wir uns so einig wie selten zuvor: ein entsprechender Ersatz musste her, und das rasch.

Auf die Annoncen in den einschlägigen Tageszeitungen erhielten wir siebenunddreißig Bewerbungen. Der Markt schien von arbeitswilligen jungen Kanzleikräften überzuquellen. Sah man von den Bewerbungsschreiben mit gravierenden Rechtschreib- und Formfehlern ab, die wir sofort ausschieden, blieben immerhin noch vierzehn AnwärterInnen auf den Job, zwölf weiblich und zwei männliche. Auf Wunsch unserer weiblichen Belegschaft luden wir die männlichen Bewerber zuerst zu einem Kontaktgespräch ein.

„Ein bisschen junges Blut könnte wirklich nicht schaden", meinte unsere Chefsekretärin, eine ältliche Dame, die so perfekt war, dass niemand in der Firma einen Widerspruch wagte – auch der Chef nicht – der schon gar nicht, denn er war sich bewusst, was er an ihr hatte. Der Blick, den sie auf unsere Bürohengste im besten Mannesalter warf, sprach Bände.

Der erste Bewerber war ein siebzehnjähriges Jüngelchen, das in Begleitung seiner Mutter erschien. Dass er Pickel im Gesicht hatte, dafür konnte der arme Junge nichts. Auch nicht dafür, dass seine Mutter ohne zu atmen minutenlange durchreden konnte. Dass er von beängstigender Schüchternheit war, nahm einen angesichts der mütterlichen Dominanz nicht Wunder, und wäre vielleicht auch noch verzeihlich und im Laufe der Zeit behebbar gewesen. Dass er aber trotz eines durchschnittlichen Abgangszeugnisses von der Handelsschule nicht in der Lage war, zwanzig Namen alphabetisch zu ordnen und vier dreistellige Zahlen in einer nicht besonders kurz bemessenen Zeit zu addieren, ließ uns doch ein wenig daran zweifeln, ob der Junge für unser Büro geeignet wäre. Mit dem in solchen Situationen üblichen Standardsatz: „Sie werden von uns hören!" verabschiedeten wir Mutter und Sohn sehr rasch.

Der zweite Bewerber war umwerfend – vor allem für die Damen. Der vierundzwanzigjährige Schönling hatte ein Auftreten wie Aga Khan, erschien geschalt wie ein Dressman von Armani und eroberte sich das Herz der Frau Chefsekretärin mit einem formvollendet hingehauchten Handkuss. Er plauderte jovial, antwortete mit viel Witz, ohne allerdings tatsächlich über seine bisherige Tätigkeit Auskunft zu geben, was den Damen jedoch nicht auffiel, weil sie von dem sprühenden Charme hingerissen waren, und zeigte bei Fragen, die konkret seine Fähigkeiten betrafen, einen so gekonnt bescheidenen Augenaufschlag, dass man im Moment wirklich kaum versucht war, an seiner absoluten Eignung, für was auch immer, nur im Entferntesten zu zweifeln.

„Ob er wohl schwul ist?" tuschelte unser Computerfachmann hinter vorgehaltener Hand. „Das wäre kein Grund, ihn nicht anzustellen", meinte der Perso-nalchef. „Wir sind ein vorurteilsfreier Betrieb – zumindest manchmal! Was mir weit weniger gefällt ist das völlige Fehlen von Zeugnissen oder Empfehlungen. Ich frage mich, was der Knabe bis jetzt gearbeitet hat? "

Die Auskünfte darüber waren so dürftig bis zweifelhaft, dass wir uns zwar schweren Herzens aber doch relativ rasch entschlossen, auch diesen Bewerber schleunigst zu verabschieden. Unser einziger Beweggrund dafür wäre, wie uns die Damen später vorwarfen, nichts anderes als purer Neid gewesen. Von dieser Meinung ließen sich unsere lieben Mitarbeiterinnen erst dann kurieren, als wir schwarz auf weiß nachweisen konnten, dass ihr Favorit ein kleiner Hochstapler mit einem ansehnlichen Vorstrafenregister wegen Betrugs- und Eigentumsdelikten war.

Nach diesen Fehlschlägen mit den männlichen Bewerbern griffen wir auf die weiblichen zurück, nicht ohne eine gewisse Schadenfreude, da uns Männern eine hübsche junge Kanzleigehilfin doch viel gelegener kommen würde als ein noch so charmanter Bursche. Wir ließen also die Damen, zeitlich wohlgeordnet, anmarschieren – und erlebten auch hier unser blaues Wunder. Drei Mädchen waren das vollkommene Pendant zu dem Pickeljungen. Sogar die Mütter unterschieden sich kaum, sah man davon ab, dass die eine eher weinerlich, die andere ziemlich energisch und die dritte in bester Vertretermanier ihre Töchter anpriesen. Die Mutter der dritten Bewerberin wäre nicht schlecht für den Job bei uns geeignet gewesen – die Tochter aber war völlig unbrauchbar.

Selbstverständlich traten auch Püppchen und Mannequins auf. Schön waren sie alle – gepflegt, hübsch bis auffallend angezogen, schick frisiert und überaus begabt beim Übereinanderschlagen der schlanken Beine und dem kecken Zupfen an den zu kurzen Röcken. Tippen konnten sie allerdings nicht besonders gut, rechnen auch nicht, und die Finger mit den langen, lackierten Nägeln würden sie sich nur ungern schmutzig machen. Das gaben sie recht eindeutig zu verstehen. Alles, was uns von diesen verlockenden Damen blieb, war der Duft ihres Parfums, wenn sie mit einem hochmütigen Lächeln hinausrauschten und uns zwischen Tür und Angel zu verstehen gaben, dass sie in einem Büro wie unserem nicht ganz am richtigen Platz wären.

Es wäre ungerecht, alle unsere Bewerberinnen als unbrauchbar zu beschreiben. Mehrere junge Damen legten gute Zeugnisse vor, zeigten sich arbeitswillig und bereit, einiges dazuzulernen. Schließlich zogen wir vier Damen in die engere Wahl. In einer weiteren Betriebsbesprechung wollten wir eine Entscheidung treffen. Unser Computerfachmann stellte eine Punkteliste auf, die er uns als Entscheidungshilfe vorlegte. Sämtliche Daten der vier Bewerberinnen wie Alter, Herkunft, Art und Dauer der Schulausbildung, Notendurchschnitte, Praxisnachweise, besondere Fähigkeiten und so weiter, schienen in diesem Papier auf. Das System erweckte den Eindruck, dass wir nun völlig objektiv urteilen könnten. Nicht einmal unsere Frau Chefsekretärin fand einen Pferdefuß in den akribischen Aufstellungen. Achselzuckend meinte sie: „Na, dann macht `mal, ihr Obergescheiten!"

Wir tagten an die zwei Stunden. Es war verblüffend, wie verschieden für jeden einzelnen die Wertigkeiten lagen. Während der eine gute Schulnoten als Entscheidungskriterium vorzog, plädierte ein anderer für eine Auswahl nach dem Alter. Er begründete dies, ohne dass man ihm konkret widersprechen konnte, damit, dass man eine jüngere Kraft besser anlernen und auf die Bedürfnisse unserer Firma einschulen könnte. Dagegen stand die Meinung, dass eine ältere Kanzleikraft mehr Erfahrung mitbrächte und außerdem – welche Gehässigkeit unserer weiblichen Mitarbeiter – die Männer weniger von der Arbeit ablenken würden als eines dieser leckeren jungen Dinger. Der Protestschrei der Herren unserer Firma auf diese ungeheure Unterstellung war einstimmig, was wieder einmal bewies, dass männliche Solidarität nicht anzuzweifeln ist. Nach turbulenten Diskussionen war es uns aber immer noch nicht möglich, eine Entscheidung zu treffen. Schließlich machte unser Operator einen Vorschlag. Er wollte ein Programm in der Art eines Zufallsgenerators erstellen. Dann könnten wir die Maschine entscheiden lassen. Wir Männer, alle absolute Technikfreaks, waren von der Idee begeistert, die Damen tippten sich an die Stirne. „Die haben sie ja nicht mehr alle!" stellten sie fest. Ich gebe zu, dass es mit unserem Demokratieverständnis nicht allzu weit her war, als wir als Minderheit die Mehrheit der Damen durch unseren männlichen Machtanspruch überstimmten.

Der Operator machte sich an die Arbeit. Mehrere Tage bastelte er an dem Programm herum. Wenn jemand die Türe zu seinem Zimmer aufmachte und bescheiden die Frage stellte, wie weit er sei, brummte er nur ungehalten: „Bald! Tür zu!" Inzwischen gab es noch immer keinen Kaffee, niemand besorgte die Ablage, keiner spitzte die Bleistifte, keiner suchte nach verlegten Papieren, niemand stellte sich freiwillig an die Kopiermaschine – und wir litten, je nach Temperament, still oder laut schimpfend vor uns hin.

Bis zu jenem denkwürdigen Tag, als Beate in der Türe stand. Sie warf ihren blonden Haarschopf nach hinten und wartete erst gar nicht ab, dass jemand sie nach dem Grund ihrer Rückkehr fragte. „Bei euch muss ich wenigstens nicht die stinkenden Nachttöpfe austragen", sagte sie, bevor sie die Kaffeemaschine einschaltete, die Unterschriftenmappe unter den Arm klemmte und sich auf die gewohnte Runde durch die Büros machte.

Das Zufallsprogramm, das eben erst fertig geworden war, löschte unser Chef noch am gleichen Tag von der Festplatte.

Beitrag für den „Luitpold-Stern-Förderpreis 1990" (ÖGB): Das Arbeiterlied im Wandel der Zeit

An die Proletarier aller Länder

Der Wecker schrillt – man möcht' noch pennen,
doch die Arbeit wartet schon,
man steht auf, beginnt zu rennen,
man verdient sich seinen Lohn.
Man verdient den Lohn sich hart,
wenn im Stau man morgens steht,
proppenvoll der Bus, die Bahn,
der Verkehr nicht weitergeht.

Und ich hör den Ruf des Kumpels:
Proletarier aller Länder,
kämpft euch durch den Frühverkehr!

Endlich ist man in der Firma,
Karten schieben, Stechuhr stechen,
registriert wird Arbeitseifer,
vor dem Bildschirm, mit dem Rechen,
vor Maschinen, als Verkäufer.
Mittags geht's in die Kantine:
ein Tablett voll Kalorien,
schaufelt man mit saurer Miene.

Und ich hör den Ruf des Kumpels:
Proletarier aller Länder,
kämpft mit Fleisch und Erbsenbrei!

Nach dem Essen ist man träge,
denn zu kurz ist diese Pause,
müde, lustlos, ohne Antrieb
hofft man auf die Kaffeejause.
Man ist wenig konzentriert
und der Arbeitsfluss versiegt.
Mancher Fehler schleicht sich ein,
wofür man einen Rüffel kriegt.

Und ich hör den Ruf des Kumpels:
Proletarier aller Länder,
kämpft um euren Mittagsschlaf!

Der Kaffee mach alle munter,
und die Arbeit geht voran,
bis die Werkssirene meldet:
„Jetzt habt ihr genug getan!"
Ströme müder Arbeitstiere
ergießen sich in den Verkehr,
steh'n im Stau und schimpfen wieder,
denn schon wieder geht nichts mehr.

Und ich hör den Ruf des Kumpels:
Proletarier aller Länder,
kämpft euch durch den Stoßverkehr.

Nach der Arbeit ist gut ruhen,
und ist endlich man zu Haus,
schlüpft man aus den Arbeitsschuhen,
streckt die müden Glieder aus.
Sülze, Schweinskopf, Pommes, Bier,
kippt man in den müden Bauch,
stiert ins Fernseh'n – noch ein Bierchen,
und ein bisschen blauen Rauch.

Und ich hör den Ruf des Kumpels:
Proletarier aller Länder,
kämpft mit dem Schlaf vor'm Fernsehschirm!

4 Elemente (Aquarell)

Gab es damals noch nicht: #MeToo anno 1991. Auch wenn es einem als Frau manchmal unangenehm war, so wäre man doch nie auf die Idee gekommen, zum Kadi zu laufen – im Gegenteil: nicht selten kehrte man den Spieß um und zog Vorteile daraus. Schließlich lebte man in der Zeit der sexuellen Revolution und war u.a. dank Oswald Kolle und der Jugendzeitschrift BRAVO ziemlich gut aufgeklärt.

Diktat

Das Knacken in der Gegensprechanlage warnt sie vor. Gleich wird er sie zum Diktat rufen. Noch ehe sie zu Ende gedacht hat, ertönt aus dem Gerät auf dem Schreibtisch seine verzerrte Stimme: „Frau S., zum Diktat!"

„Schlecht aufgelegt ist er heute", bemerkt sie, während sie sich erhebt, einen Block unter den linken Arm klemmt, mit der rechten Hand einen Stift unter dem Schreibutensilien herausklaubt und zur Türe geht.

„Ganz schlecht aufgelegt ist der Alte", denkt sie noch einmal, „wenn er nicht einmal „bitte" sagt."

Verdrossen tritt sie auf den durch Leuchtstoffröhren nahezu schattenlos erhellten Gang. Sie streicht ihren Rock glatt und zieht den straffsitzenden Pullover über die Hüfte. Die Wirkung ihrer Weiblichkeit ist ihr bewusst. Schon seit einiger Zeit versucht sie, diese als gezielte Waffe gegen ihn einzusetzen. Jahrelang hat er sie als Mensch nicht akzeptiert, hat sie wie ein

Stück Inventar behandelt, war sie für ihn nur „das Vorzimmer", bis sie ihm eines Tages durch Zufall, völlig unbewusst – sie weiß bis heute nicht wodurch – signalisiert hat, dass sie eine Frau ist. Mit einem Gefühl selbstquälerischer Spannung füllt sie seither ihre Rolle in diesem Geschlechterspiel aus, eine Rolle, die ihr lange Zeit aus dem Gefühl verletzter Menschenwürde nicht spielbar erschienen ist. Die Wahl zwischen einem Dasein als Gegenstand und der Akzeptanz als Mensch, wenn auch nur als Vertreter einer niedrigeren Klasse, hat sie schließlich gezwungen, sich für das Spiel zu entscheiden. Auch wenn seine Annäherungen demütigend sind, empfindet sie Befriedigung und die Bestätigung darin, ihn zu reizen, also eine Reaktion hervorzurufen, die ihr die Möglichkeit gibt, sich als menschliches Wesen einzustufen. Das beängstigende Gefühl, nur eine mehr oder weniger gut funktionierende Maschine zu sein, hat sie seither nicht mehr in diesem bedrohlichen Ausmaß gequält wie vorher.

Ehe sie an die Türe des Chefbüros klopft, atmet sie tief durch, als wollte sie für einen Tauchgang Luft holen. Es würde wieder eine todlangweilige Tortur werden, bis er seinen stockend vorgebrachten Text abgespult hat. Und danach würde er, um in den Genuss zu kommen, ihren Körper noch eine Weile lüstern zu betrachten, mit einem sardonischen Grinsen, als wüsste er, dass sie seine banalen Texte hasst, sagen:

„Lesen Sie das Ganze noch einmal vor!"

Sie würde vorlesen, und zwar völlig korrekt, auch wenn sie bereits seit langem nicht mehr jedes Wort mitstenografierte. Sie kennt seine immer wiederkehrenden Satzkonstruktionen aus mehr oder weniger stereotypen Phrasen auswendig.

Sie klopft und tritt unmittelbar darauf ein, ohne eine Aufforderung abzuwarten. Er sitzt hinter einem Schreibtisch von monströsem Umfang in einem teuren Ledersessel und sieht klein aus. Er ist klein und wirkt, wenn er sich zurücklehnt, wie aufgebahrt.

„Nur die siebenarmigen Kerzenleuchter fehlen noch", denkt sie verächtlich.

Der süßliche Duft einer teuren Zigarre weht ihr entgegen. Sie kämpft kurz mit aufsteigender Übelkeit. Die parfümierte Süße dieses Tabaks ist ihr zuwider, gehört aber zu ihm wie sein schütteres, penibel auf dem Kopf verteiltes, blondiertes Haar, sein unvermeidlicher Nadelstreif-Anzug und seine spiegelnden Maßschuhe mit den Absätzen. Wortlos setzt sie sich ihm gegenüber. Mit aufreizender Geste schlägt sie die Beine übereinander. Das schabende Geräusch der Nylonstrümpfe ist beabsichtigt und wirkt erwartungsgemäß. Es erzeugt jene Spannung, die sie zwar insgeheim noch immer fürchtet, die ihr jedoch gleichzeitig einen Nervenkitzel verursacht, auf den sie nicht mehr verzichten möchte. Die Fähigkeit, Reaktionen hervorzurufen, bedeutet für sie Leben.

Er leckt seine trockenen Lippen, dreht die Zigarre wie ein Objekt seiner Zuneigung zwischen den Fingern, saugt vehement an dem braunen, leicht feuchten Blattende und beginnt übergangslos zu diktieren, ohne dass ein Wort zwischen ihm und ihr gewechselt worden wäre.

Wie erwartet langweilt sie sich, während er, stockend und sich häufig wiederholend, seinen Text entwirft. Es dauert lange. In den Nachdenkpausen blickt sie über seine kleine Gestalt hinweg zum Fenster hinaus. Der Versuchung, seinem fragenden Schweigen durch den Einwurf des von ihm gesuchten Wortes zu begegnen, erliegt sie nicht mehr. Die Erfahrung, dass ein Beitrag ihrerseits die Prozedur noch verlängert, weil er darin einen Anlass zu einer ausführlichen Diskussion sieht, lässt sie stumm bleiben. Später beginnt sie aus Langeweile Blumen und Ornamente auf den Blockrand zu malen – von oben nach unten, von links nach rechts.

„...und verbleibe mit dem Ausdruck vorzüglicher Hochachtung et cetera!"

Endlich ist er fertig. Die Zigarre in seiner Hand ist bis auf einen kleinen Stumpf abgebrannt, die Asche steht aber noch. Er hat während des Diktats auf das Rauchen vergessen. Hastig will er den Rest in den riesigen Aschenbecher aus grünem Marmor drücken. Er bewegt sich zu rasch – der lange Aschenzylinder zerbröselt und fällt zu Boden. Er nimmt keine Notiz davon. Die Putzfrau gehört zu jenen unbedeutenden Inventarstücken, die er nicht kennt und an die er deshalb auch keinen Gedanken verschwenden muss.

„Mich kennt er wenigstens!" denkt sie.

Mit einem Unterton, als erwarte er mehr von ihr als nur die Wiedergabe des Diktates fordert er: „Nun lesen Sie das ganze nochmals, aber schön langsam, mein Kind! Vielleicht muss ich noch etwas ändern!"

Er ändert nie etwas. Sie unterdrückt ihren Ärger darüber, dass er sie „mein Kind" nennt. Es ist alltäglich.

Langsam und betont liest sie. Mühelos entziffert sie ihr lückenhaftes Stenogramm. Sie füllt die leeren Stellen ohne zu zögern mit den routinemäßigen Phrasen. Dennoch empfindet sie das Reproduzieren seiner Sätze, die für sie bedeutungslos bleiben, als quälerischen Akt. Mit der abschließenden, lapidaren Feststellung: „Na, bestens, meine Liebe!" findet die Tag für Tag wiederkehrende Szene ihren vorläufigen Höhepunkt. Sie verlässt schweigend den Raum.

Später dann, wenn sie ihm die reingeschriebenen Briefe zur Unterschrift vorlegen wird, wird es zur teils gefürchteten, teils mit voller Absicht provozierten und insgeheim sogar erhofften Kulmination des Spiels kommen.

„Sehr brav, Frau S.", wird er sagen – nicht mehr „mein Kind und meine Liebe". Er wird ihr plump - vertraulich auf das Gesäß klopfen, wenn es ihr nicht gelingt, rechtzeitig den Rückzug anzutreten. Er aber wird betont lässig den vergeblichen Versuch unternehmen, seinen Drehstuhl querzustellen, um ihr die Flucht zu vereiteln – und grinsen.

Sexuelle Revolution hin oder her: über das Wesentliche zu sprechen war damals noch heikler als heute: man redete um den Brei herum, was auch heute, 50 Jahre danach, nicht selten vorkommen soll.

Gespräch in der Kantine

„Schade, dass du so – äh - zurückhaltend bist, was Sex angeht", sagt sie und stellt energisch den leergelöffelten Yoghurtbecher auf das Tablett, um ihre Verlegenheit ein wenig zu überspielen. Er sieht angestrengt in das Teeglas, das vor ihm auf dem schmutzigen Tischtuch steht. Es würde sie nicht wundern, wenn sich seine Brillengläser vom Dampf des heißen Tees beschlügen, so nahe hält er sein Gesicht über den Tisch gebeugt.

Sie lacht. „Wäre doch nett gewesen! Wir hätten Spaß gehabt. Ganz bestimmt hätten wir viel Spaß gehabt!"

Sie weiß, dass er dieses Thema nicht leiden kann. Immer versucht er, den Überlegenen, Erfahrenen, Weitgereisten, Weltoffenen – den Lebemann darzustellen. Immer trägt er eine überhebliche Gelassenheit wie eine Maske zur Schau und vermeidet es dabei, menschliche Schwäche zu zeigen oder gar irgendwelche persönlichen Dinge vor anderen auszubreiten. Seine Seele – sofern er ein hat, was sie manchmal bezweifelt – hütet er strengstens. Vielleicht muss er sie aber auch gar nicht hüten. „Vielleicht", denkt sie, „ist sie so tief verschüttet, dass nichts, aber schon gar nichts davon an die Oberfläche dringen kann.

„Du weißt, wie ich über Partnerschaft denke", sagt er, lehnt sich zurück und betrachtet das Thema als abgehandelt.

Sie nicht. Sie hat sich auf dem Weg in die Kantine fest vorgenommen, einmal, nur dieses eine Mal, das Gespräch so durchzuziehen, wie sie es sich schon lange wünscht. Er würde in Kürze die Stadt verlassen, für ein Jahre, für mehrere oder auch für immer. Was könnte sie jetzt noch verlieren? Sie will wenigstens alles gesagt haben, was ihr seit Monaten im Kopf herumspukt. Sie würde alles sagen, und zwar jetzt, in diesem Moment, an diesem Ort, bei dieser Gelegenheit, auch wenn die verrauchte, hässliche Kantine nicht unbedingt der geeignete Rahmen für die Ausbreitung ihres Gefühlslebens ist.

„Wer, zum Teufel, spricht von Partnerschaft?" fragt sie provokant.

„Ich verstehe dich nicht!"

„Ich habe gesagt: wir hätten Spaß miteinander gehabt. Ich habe nicht gesagt, wir wären Partner geworden!"

„Aber …!"

„Es gibt kein ABER! Es ist absoluter Schwachsinn, von seinem Gegenüber immer sofort Besitz ergreifen zu wollen. Warum, glaubst du, muss ein Verhältnis – was für ein blödes Wort übrigens – immer damit enden, dass man sich gefangen fühlt oder verpflichtet oder – Gott bewahre – womöglich verheiratet? Was ist das schon: ein Verhältnis? Mathematisch gesehen ist es jedenfalls alles eher als eine unabwendbare Ver-einigung. Ein Verhältnis ist von vorn herein ein Bruch:

hier eine Zahl und dort eine Zahl und dazwischen ein Divisionszeichen oder ein Bruchstrich!"

Er sieht sie verständnislos an und fragt: „Kannst du mir erklären, was du damit ausdrücken willst? Der Vergleich hinkt doch! Wenn man so ‚auseinanderdividiert‘ ist, wie du es darstellst, wie kann man dann überhaupt etwas miteinander haben?"

Sie antwortet nicht gleich. Sie will sich Zeit zum Überlegen lassen. Betont langsam fingert sie sich eine Zigarette aus der Packung, die zwischen ihnen am Tisch liegt, sucht in ihrer Handtasche nach dem Feuerzeug, lässt sich schließlich von ihm Feuer geben, inhaliert den ersten Zug so tief sie kann. Intensiv sucht sie nach einer möglichst verständlichen Formulierung für ihre Gedanken.

Er wird ungeduldig. „Du weißt wohl keine Antwort?"

Sie streift die Asche ab, nimmt noch einen Zug, bevor sie etwas sagt.

„Doch, ich weiß eine! Ich versuche nur, dir nicht weh zu tun – und mir erst recht nicht! Und das ist vielleicht schon die Antwort: Warum versuchen die Menschen nicht einfach, nur nett zueinander zu sein? Warum kann man nicht ohne komplizierte Hintergedanken genießen, dass uns die Natur mit so reizvollen Dingen wie der Sexualität ausgestattet hat? Warum kann man sich nicht einfach in diese warme, wunderbare Tiefe der Körperlichkeit fallen lassen und daraus erst dann wiederauftauchen, wenn einen die lästige Vernunft, mit der wir Menschen geschlagen sind, wieder an die Oberfläche der Realität spült? Warum kann man – egal ob Männlein oder Weiblein- nicht wenigstens für kurze Zeit darauf verzichten, sich in irgendeiner Form zu profilieren?"

Sie wartet seine Reaktion nicht ab, holt nur tief Luft und spricht sehr schnell weiter:

„Immer spielt einem der Egoismus einen Streich, und zwar immer den gleichen: man will auf sein Gegenüber Macht ausüben, ohne selbst in den Machtkreis des anderen zu geraten. Vielleicht ist es sogar eine Art Urangst vor der Gefahr, sich selbst zu verschenken oder, noch schlimmer, zu verschwenden, ohne zum Ausgleich in den Besitz des anderen zu gelangen. Warum ist es nicht möglich, auf seiner Seite des Bruchstriches zu bleiben und sich nur darüber zu freuen, dass man sich sehen, dass man miteinander reden, dass man sich berühren kann – dass man sich in einer genussvollen Relation zu einem gleichartigen, aber niemals gleichen Masseteilchen befindet? In einer Relation, die Spannung ausdrückt und Vergnügen bereitet!"

Er schüttelt den Kopf. „Das gibt es nicht! Wenn du auf der einen oder anderen Seite etwas dazugibst oder wegnimmst, stimmt das Verhältnis nicht mehr – folglich funktioniert es auch nicht mehr: es verändert seine Wertigkeit. Außerdem vergisst du die Brüche, die sich kürzen lassen – wenn wir schon bei der Mathematik sind! Was passiert mit denen, du obergescheite Technokratin?"

Dass er aggressiv wird, bestätigt ihr, dass sie nicht ganz umsonst ihren Seelenstriptease vollzieht. Er zeigt zumindest eine Reaktion, auch wenn diese negativ ist. „Egal!" denkt sie, „Hauptsache, er muss nachdenken – er muss einmal mit mir gemeinsam nachdenken!"

Sie drückt die Zigarette in dem übervollen Aschenbecher aus und steht auf.

„Mathematik war zwar nie meine besondere Stärke, aber die Grundrechnungsarten beherrsche ich auch ohne Taschenrechner. Ich gebe dir gerne eine kleine Nachhilfestunde in Bruchrechnen – aber zuerst hole ich mir noch etwas zum Trinken – der trockene Stoff macht durstig. Magst du auch noch einen Tee?"

Er nickt, will aufstehen, aber sie deutet ihm, sitzen zu bleiben. „Ich bring ihn dir mit!"

Auf dem Weg zum Buffet überlegt sie sich ihre weitere Vorgangsweise. Sie will sich auf keinen Fall den Wind aus den Segeln nehmen lassen. Irgendwie muss sie ihm deutlich machen, dass sie mit ihm schlafen will – ohne irgendeine Verpflichtung einzugehen: sie nicht und er nicht. Irgendwie muss sie ihn davon überzeugen, dass sie miteinander schlafen müssen, um sich gegenseitig den Beweis zu liefern, dass sie es schaffen, aus dem Netz schizoider Vorurteile zu entschlüpfen, in dem die westliche Gesellschaft sie gefangen hält. Das in dieser Gesellschaft implizit noch immer vorhandene Vorurteil, sie wäre ein „leichtes Mädchen" würde sie ohne Kummer wegstecken, weil sie weiß, dass sie alles eher als ein „leichtes Mädchen" ist, aber auch deshalb, weil es ihr nach den vielen unerfüllten Sehnsüchten auch völlig egal ist, eines zu sein. Das Problem liegt für sie ganz woanders. Sie ist über ihren Bruchstrich – ohne es zu wollen – schon hinausgegangen. Sie mag ihn – ist verliebt. Sie spürt, wie sie im Begriff ist, jenen Fehler zu begehen, den sie unbedingt vermeiden muss, um sich nicht selbst Lügen zu strafen. Die Gleichung „Liebe = Besitz = Macht" will sie unbedingt widerlegen – wenigstens dieses eine Mal.

Als sie mit zwei Tassen frischen Tees an den Tisch zurückkommt, sieht er ihr mit so spöttischem Lächeln entgegen, dass sie Zorn in sich aufsteigen fühlt. „Wer ist er, dass er meine aufrichtigen Bemühungen, nett zu ihm zu sein, für lächerlich halten dürfte?" denkt sie, bremst aber ihr überschäumendes Temperament in dem Bewusstsein, dass sie mit unkontrollierten Gefühlsausbrüchen nichts gewinnen, nur alles verderben kann.

„Du lachst?" fragt sie und versucht, möglichst unbefangen zu wirken. „Gibt es etwas zum Lachen, dann sag' es mir! Ich lache gerne mit!"

Er nimmt die Tasse entgegen, stellt sie mit weithin hörbarem Klirren auf das Tablett, weicht aber ihrer Frage aus, indem er sich in artigen Worten für ihre Mühe bedankt. Sie zuckt mit der Schulter. „Phrasen – leere Worthülsen", so sagt er selbst immer, und doch kann er nichts Konkretes antworten. Im Grunde erwartet sie auch nichts anderes, ist darauf eingestellt, gegen eine Wand aus innerer Ablehnung und nur notdürftig durch eine künstliche Lässigkeit kaschierte Angst zu laufen. Der Schmerz des Aufpralls auf diese Wand war vorhersehbar, ist daher zu ertragen. Sie setzt sich wieder ihm gegenüber. Dabei versucht sie, jede Koketterie zu vermeiden. Mit so billigen Mitteln, das weiß sie, bräuchte sie gar nicht erst anzufangen. Als wäre sie nur durch eine kurze Pause unterbrochen worden, eine mathematische Lektion an der Schule zu halten, kehrt sie ohne Übergang zu ihrem Beispiel von den Brüchen und Verhältnissen zurück.

„Also, was die Brüche angeht, die sich kürzen lassen: im besten Fall ergeben sie eine ganze Zahl. Ich würde sagen, das sind die Verhältnisse die harmonisch enden." Sie atmet durch, bevor sie weiterfährt: „- aber nicht, weil sich die beiden Kontrahenten so gut verstehen, sondern weil einer im anderen aufgeht – sich, um der Harmonie willen, opfert!"

„Kein idealer Zustand, wie du zugeben musst!" wirft er ein.

„Richtig! Aber, wie du wiederum zugeben musst, die Grundlage fast aller nach außen hin als `glücklich` offerierten Beziehungen."

„Das dürfte stimmen! Und was ist mit den anderen, den nicht kürzbaren Brüchen mit den komplizierten Ergebnissen?"

Sie trinkt einen Schluck, stellt die Tasse aber nicht zurück, sondern hält sie mit beiden Händen fest, als müsste sie Halt suchen.

„Wenn ich mich recht erinnere, gibt es da die Brüche, die nie aufgehen. Oben oder unten bleibt eine Primzahl – unteilbar, ganz auf sich gestellt. Vielleicht so wie du und ich: zwei widerlich feste Charaktere, von sich selbst überzeugt und auf eine Art und Weise in ihrer Handlungsfähigkeit erstarrt, dass man darüber weinen sollte!"

Sie merkt, dass ihre Worte sehr persönlich geworden sind. Erschrocken sieht sie auf. Sein Gesicht ist nicht mehr und nicht weniger abweisend als zuvor, doch empfindet sie eine zunehmende Distanz. Rasch kehrt sie wieder zu ihren mathematischen Vergleichen zurück, flüchtet in die Anonymität der Verallgemeinerung.

„Ja, und da gibt es auch noch die Brüche, die eine periodische Zahl ergeben, wenn man sie ausdividiert", doziert sie. „Ich würde behaupten, das sind die Verhältnisse, die aus reiner Gewohnheit länger anhalten, als es ihnen eigentlich zuträglich ist, oder?"

Er zuckt mit der Schulter. „Kann schon sein! Trotzdem verstehe ich immer noch nicht, was du eigentlich sagen willst?"

Sie hat Mühe, sich zu beherrschen. Die Aussichtslosigkeit ihrer Bemühungen macht sie wütend. Niemals hätte sie geglaubt, gegen so eine harte Mauer an Ignoranz anrennen zu müssen.

Muss sie? Plötzlich stellt sie sich diese Frage. „Muss ich? Muss ich mich noch länger zum Narren machen, bloß weil ich heiß auf ihn bin? Was tue ich eigentlich? Ich dummes Stück bin auf dem besten Weg, mich aufzugeben, um ihn um den Finger zu wickeln. Welch absurder Gedanke! Das muss ich nicht!"

Sie steht auf, stellt die leeren Tassen auf das Tablett und werdet sich zum Gehen.

„Meine Pause ist um. Nachdem du mich ohnedies nicht verstehen willst ..." Sie beendet den Satz nicht, lacht süffisant und versucht, im Spott einen Ausweg aus der für sie unerwartet schmerzlichen Situation zu finden.

„Ich nehme zu deiner Verteidigung an, dass du mich deshalb nicht verstehst, weil du in Mathematik ein bisschen schwach bist und nicht, weil du sonst so schwer von Begriff bist. Es ist daher besser, wir gehen. Meine Mathematik – Nachhilfe ist vielleicht auch zu wenig professionell!"

„...und ich bin einfach zu blöde, um mich verständlich zu machen", denkt sie erbittert. „Die Signale, die ich aussende, sind falsch – völlig falsch!"

Ohne sich noch einmal umzudrehen, steuert sie auf die Geschirrablage zu, stellt das Tablett ab und verlässt die Kantine. Er folgt ihr. Auf dem langen Gang zu den Büros holt er sie ein.

„Böse?" fragt er.

„Nein!"

„Aber ...?"

Nichts – aber!"

Er fasst sie am Ärmel. „Sag`, was hast du?"

„Nichts! Es ist nichts!"

Die Türe zu ihrem Zimmer fällt mit einem Geräusch ins Schloss, das sehr endgültig kling.

Trotz der sexuellen Revolution damals wie heute ein sehr heikles, nach wie vor nur zögerlich zur Sprache kommendes Thema ist der sexuelle Missbrauch von Abhängigen und speziell von Kindern. Schlagzeilen über Pädophilie, u.a. in kirchlichen Einrichtungen, füllen zwar immer wieder die Zeitungen. Die Aufarbeitung der Problematik scheint jedoch immer noch äußerst schwierig. Man schweigt, damals wie heute, zu oft – oder weil man es einfach nicht glauben kann.

Der Schuster

Der kleine Laden lag auf der anderen Seite am Ende der Straße. Wenn ich alleine dorthin gehen durfte, hieß es immer:

„Gib acht, wenn du über die Straße gehst!"

Ich ging oft zum Schuster. Viele Kinder aus unserem Block gingen oft zu ihm. Wir mochten seinen Laden. Wenn er die blechernen Rolljalousien hochzog, wartete meist schon kleine Kundschaft vor der Türe. In dem schmalen Schaufenster neben dem Eingang lagen, leicht verstaubt, handgefertigte Schuhe, die sich von den billigen Fabrikfabrikaten, die wir Kinder in der Nachkriegszeit trugen, wesentlich unterschieden. Sie hatten rote und blaue Ziernähte, geschwungene Stöckelabsätze, lackglänzende Schäfte und goldene Schnurösen. Der Schuster erzählte, er hätte die Schuhe für eine Prinzessin angefertigt. Da waren wir sehr stolz, den Schuster einer Prinzessin zu kennen.

Im Laden roch es stark nach Leder, Gummi, Schusterpech und Klebstoff. Wenn eines von uns Kindern der Raum betrat, schnüffelte es und sagte:

„Bei dir riecht's sooo gut, Anton!"

Anton war groß, stark und anscheinend ohne Alter. Für uns Kinder strömte er eine märchenhafte Anziehungskraft aus, wenn er mit seiner tiefen, vollen Stimme zu erzählen begann, wenn er scherzte und uns Kinder behandelte, als wären wir allesamt bedeutende Damen und Herren.

Als besondere Ehre durfte manchmal ein kleines Mädchen auf seinem rechten Knie sitzen, während er einen Schuh bearbeitete, den er auf seinem linken Knie, das von einem Lederschurz bedeckt war, mit unzähligen kleinen Nägeln beklopfte. Antons rechtes Knie war nackt und haarig, fast wie der Rücken eines kleinen Pferdchens. Er trug nur kurze Hosen. Auch die glatten, weichen Schenkelchen der kleinen Mädchen waren nackt und die kurzen Röckchen bedeckten sie kaum.

Anton klopfte zuerst bedacht Nagel um Nagel in den Schuh. Das Kind auf seinem Knie schaukelte langsam auf und ab, hin und her. Dann arbeitete Anton immer schneller und schneller. Er vergaß, vor Anstrengung, weiterzuerzählen, klopfte und hämmerte unter Keuchen und Stöhnen, bis er schließlich mit einem Ächzen den Hammer fallen ließ, den Schuh mitsamt dem Leisten zur Seite warf, das Mädchen, das vor Vergnügen über den flotten Ritt strahlte, von seinem Knie hob, auf den Scheitel küsste und energisch auf den Boden stellte.

„Harte Arbeit!" sagte er zu den Kindern. „Jetzt muss ich Pause machen!" Er griff in eine bunte Dose, die auf dem Ladentisch stand, verteilte Himbeerdrops und sah der kleinen Schar, die lärmend aus seinem Laden stürmte, befriedigt nach. Dann ließ er den Rollladen herunter.

Ich ritt so manches Mal in jenen langen Sommern meiner Kindheit durch die zauberhafte, bunte Welt seiner Fantasie. Es machte Spaß, nur fand ich, dass sich der gute alte Anton beim Klopfen gehörig überarbeitete. Ich konnte nicht verstehen, warum er sich so beeilen musste, aber ich vergaß, ihn zu fragen. Die Himbeerbonbons kamen stets dazwischen.

„Vielleicht", dachte ich, „sind die Prinzessinnen, für die er arbeitet, so ekelhafte, ungeduldige Kundinnen wie die Frau Müller aus dem Dreierhaus. Die alte Kuh regt sich immer auf, wenn der arme Anton ihre schäbigen Schuhe noch nicht geflickt hat!"

Die ekelhafte Frau Müller war es auch, die Jahre später, als Anton längst tot war und die blechernen Rollläden für immer verschlossen blieben, noch immer im Tratsch mit den anderen Frauen aus dem Viertel herumerzählte, der alte Schuster wäre ein Schwein gewesen und hätte sämtliche kleinen Mädchen aus der Umgebung missbraucht.

Motivationen bzw. Auslöser für sexuelle Fehl-leistungen gibt es vermutlich ebenso viele wie es Menschen gibt - ein unerschöpfliches Thema.

Der Bauch des Kindes

Sie war weggegangen, nachdem sie ihn einen elenden Versager geheißen hatte.

Seit fünf Wochen war er mit seiner sechsjährigen Tochter allein. Seit fünf Monaten hatte er keine Arbeit mehr, keine bezahlte Arbeit. Der Haushalt, den er für sich und das Kind notdürftig aufrechterhielt, zählte nicht, obwohl er manchmal erbittert dachte, dass der Kampf um die täglichen Bedürfnisse ein undankbarer Fulltime-Job wäre.

Manchmal, wenn er das Kind gebadet und zu Bett ge-bracht hatte und er alleine in der halbleeren Küche saß, dachte er an Frauen. Er begann dann, ruhelos auf- und abzugehen, biss an seinen Fingernägeln und haderte mit seinem Schicksal. Die Spannung in sei-nem Körper ebbte aber rasch ab, wenn er an sie dachte. Der Gedanke an sie lähmte ihn mehr denn je. Sie hatte ihn verlassen, weil er arbeitslos war, weil er mittellos war, weil er im Bett versagte, seit er arbeits- und mittellos war.

Manchmal, wenn er das Kind gebadet und zu Bett ge-bracht hatte, geriet er in Panik über die Vorgänge, die ihn trieben, schoben, drängten, an ihm zerrten und zogen, ohne dass er eine Möglichkeit sah, sich zu weh-ren.

Das Kind hatte blondes, seidiges Haar wie er, dunkle Augen wie er, angewachsene Ohrläppchen wie er. Aber es hatte pfirsichfarbene Wangen, einen kleinen, spitzen Mund, mit dem es feuchte Küsse auf sein Gesicht schmatzte, glatte weiche Ärmchen, mit denen es ihn umarmte und festhielt, wenn es verlangte, von ihm aus der Badewanne gehoben zu werden. Es hatte einen festen, runden Bauch, kaum eine Handvoll weicher, entspannter Muskeln am Gesäß. Die haarlose Spalte, die Bauch und Rücken verband, lag noch nicht auf einem Hügel.

„Später wird sie ihre ganzen Bemühungen darauf verwenden, einen flachen Bauch zu haben", dachte er. „Alle Weiber sind wild darauf, einen flachen Bauch zu haben – und einen Urwald am Venushügel!"[2]

Als er das Kind abtrocknete, dachte er an den Urwald. Dunkel würde er bei seiner Tochter sein, wie bei allen dunkeläugigen Blondinen, und struppig – nicht so seidig und hell wie das Kopfhaar. Mit unsicheren Fingern strich er dem Kind über den Scheitel.

„Lass das, Papi", rief die Kleine. „Du musst mir den Bauch abtrocknen. Mir wird zu kalt!" Mit einer heftigen Bewegung wurde seine Hand abgeschüttelt.

Er erschrak über seine Geistesabwesenheit, beeilte sich, das frierende Kind zu frottieren: am Rücken, an der Brust, an den Armen, den Füßen, Waden Knien, an den Schenkeln – aber nicht am Bauch. Er hob das Kind auf, bedeckte die feuchte Haut des kleinen

---

[2] Sich im Intimbereich zu rasieren, war damals noch nicht en vogue.

nähernd, bis er schließlich mit dem kleinen Finger in die enge Spalte einzudringen versuchte.

„Was machst du da, Papi! Nicht! Aua!"

Der ängstliche Schrei brachte ihn zu Besinnung. Er sprang auf. Der paralysierte Blick des Kindes auf sein sogar ihm riesenhaft erscheinendes Glied brachte ihm zu Bewusstsein, was er getan hatte. Entsetzt wandte er sich ab.

„Ich bin ein Schwein!" dachte er, „ein ganz mieses Schwein!"

Hinter sich hörte er seine Tochter weinen. Hastig schloss er seine Hose, drehte sich um, wollte sie trösten, hatte aber nicht den Mut, sie noch einmal anzufassen. Er fand auch keine Worte. Er stand nur da und – weinte auch.

Sie frisst mein Erspartes (Aquarell)

... *und weiter geht es mit Beiträgen zur Arbeitswelt, auch wenn die Universität manchmal ein bisschen abfällig als „Elfenbeinturm" bezeichnet wird, wo mehr geträumt als gearbeitet wird, oder gar als „geschützte Werkstatt", auch wenn heute die Arbeitsplätze längst nicht mehr so gesichert sind wie noch vor 50 Jahren.*

Sieben Miniaturen aus dem

ALLTAG AN DER UNIVERSITÄT

Aushang

...die Prüfung erfolgt schriftlich. Anmeldung im Sekretariat des Institutes unter Vorlage des Studienbuches. Prüfungsort: Hörsaal B 124, Prüfungsdauer: 3 Stunden.

Die Ankündigung erfolgt mittels Aushangs am schwarzen Brett. Das schwarze Brett ist nicht schwarz. Es ist aus Kork, an den Rändern sind kleine Stücke herausgebrochen: nicht von selbst, sondern weil nervöse Hände an den sich langsam lösenden Ecken gezupft haben. Der vertrocknete, braune Klebstoff kommt zum Vorschein und sieht unappetitlich aus.

Der Aushang war mit vier roten Nadeln befestigt – ordentlich, in jeder Ecke des A4-Blattes eine. Zwei davon – die links oben und die rechts unten – sind ebenfalls nervösen Fingern zum Opfer gefallen. Es blieben nur die kleinen Löcher: nicht eines, eine ganze Menge, über eine größere Fläche verteilt. Irgendwer, vielleicht auch mehrere, haben mit den Nadeln gespielt: ein aggressives Spiel, aus dem Unterbewusstsein gesteuert, Lust an der Verletzung und Zerstörung auslebend, Frust über Unabänderliches demonstrierend.

Das Blatt hängt schief. Die Sekretärin hat es vor wenigen Stunden mit geometrischer Akribie genau parallel zu den abgegriffenen, eingekerbten Kanten der Anschlagtafel aufgehängt. Seine Lage wurde geändert, die Ränder eingerissen, der Stempel von feuchten Händen verschmiert, die leeren Stellen mit nicht mehr deutbaren Zeichen bekritzelt – aber es hängt noch.

Und sie lesen es im Vorübergehen!

Uni-Neubau

Orangefarbene Jalousetten
schützen die Wissenschaft.
Hinter den spiegelnden Scheiben
gleich leblosen Marionetten
scheint die Studentenschaft
im Silo gelagert zu bleiben.

Betongraue Bunkerwände
verbergen die neuen Ideen,
ins Dunkel des Hörsaals verbannt.
Da erheben sich freie Hände,
die noch einen Ausweg sehen:
sie beschmieren mit Farbe die Wand.

Parolen, Blumen und Bäume
finden böse Kritik
bei Professoren, Behörden, Erbauern.
Es sind doch der Freiheit Räume,
die- vielleicht zu der Jugend Glück -
die Alten lassen erschauern!

Anmeldung

... Anmeldung im Sekretariat unter Vorlage des Studienbuches ....

Das Sekretariat ist geschlossen. Zwei Interessenten gehen vor der Türe auf und ab. Sie sprechen nicht miteinander, obwohl die die gleiche Absicht haben. Als müssten sie diese eifersüchtig gegeneinander verteidigen, drehen sich die beiden voll Ablehnung den Rücken zu. Das Feindbild des zukünftigen Konkurrenten um einen Arbeitsplatz scheint wie eine Plakatwand zwischen ihnen zu stehen, ohne dass sie sich dieser Trennung ausdrücklich bewusst wären.

Das Geklapper von Stöckelschuhen auf Stein nähert sich. Die Sekretärin hat es eilig. Sie ist spät dran – zu spät. Sie ärgert sich über die wartenden Studenten, straft sie mit Nichtachtung, wird ihrerseits mit Nichtachtung – schlimmer: mit Verachtung gestraft. Keiner grüßt. Sie schließt das Büro auf und schlägt die Türe hinter sich zu.

Als hätte das Geräusch die Wand zwischen den beiden Wartenden zum Einsturz gebracht, entsteht Kontakt. Die präsumtiven Kandidaten grinsen sich an. Die gleiche Studienrichtung, das gleiche Semester, das gleiche Alter, die gleichen Probleme mit dem Studienplan, die gleichen Ängste vor den Prüfungen, die gleichen Erwartungen in die akademische Zukunft – nichts davon verbindet sie, nur der Ärger über den morgendlichen Unmut der Sekretärin. Sie einigen sich wortlos, treten an die Türe. Einer klopft. Sie treten zugleich ein, ehe sie von drinnen eine Antwort erhalten.

Die Sekretärin blickt auf, nimmt eine Liste in die eine Hand, streckt die andere den beiden entgegen und bellt: „Studienbuch!"

Ein bürokratischer Akt nimmt seinen Lauf.

Forum

Welch' eine Wüste aus Pflastersteinen!
Die Lampen lassen die Köpfe hängen,
als wäre das Wasserloch lang schon versiegt,
als hätte es lang nicht geregnet.
Und wenn man einander begegnet,
ist Sand im Getriebe!

Frustrierte Gesichter, hektisches Laufen,
panische Eile zurechtzukommen,
im Dunkel des Hörsaals noch Platz zu finden,
zu hören, zu sehen – und zu verstehen.

Ich möchte einmal am Forum stehen
und mit Freude die traurigen Lampen begießen:
vielleicht beginnen sie doch noch zu sprießen!

Prüfungsaufsicht

„... Prüfungsort: Hörsaal B 124..."

Drei Stunden Prüfungsaufsicht sind einem einzigen Assistenten nicht zuzumuten. Die Zeit wird aufgeteilt.

„Ich nehme das letzte Drittel", denkt sie, „da ist das meiste schon gelaufen!"

Sie öffnet die Türe zum Saal. Es scheint sehr still in dem Raum. Sie geht zum Pult, flüstert mit dem Kollegen, den sie ablöst, ein paar belanglose Worte.

„'Was Besonderes?"

„Nein! Alles paletti!"

„Keiner schwindelt?"

„Kaum. Vielleicht der Blonde vorne rechts. Aber gut schwindeln ist auch eine Kunst!"

Sie lacht leise: „Hast recht!"

Der Kollege rafft einige Papiere zusammen, räumt das Feld. Sie wartet, bis er den Raum verlassen hat. Dann setzt sie sich an das Pult. Das Einschnappen des Türschlosses ist übermäßig laut.

Nach einigen Minuten beginnt sie, die Stille in ihrer Dichtheit wahrzunehmen. Sie hat das Gefühl, als würden sich die Sinne der Umgebung anpassen wie das Autofokus-Objektiv eines Projektors an ein Diapositiv. Die Intensivierung der Wahrnehmung beginnt bei ihr mit der Differenzierung von Gerüchen. Als sie den Saal betreten hat, ist ihr nur warmer Dunst entgegengeschlagen. Jetzt unterscheidet sie: die feuchten Mäntel an den Wandhaken, nasses Schuhwerk unter den Bänken, ein aufdringliches Herrenparfum von dem Jüngling vorne rechts, der abgestandene Geruch des kreideschwangeren Tafeltuchs, die chemische Ausdünstung von Plastikfolien auf Büchern und Heften, der süßliche Dampf des Bodenpflegemittels – und Schweiß.

„Sie arbeiten und sie haben Angst", denkt sie und schaut in die Runde. In der anonymen Masse gesenkter Köpfe sucht sie nach Gesichtern, die sie kennt. Blonde, braune, schwarze, auch ein roter und zwei ziemlich kahle Köpfe sind über die Blätter mit den Prüfungsaufgaben gebeugt. Sie sieht nur die Stirnpartie und den Scheitel. Die Gesichter selbst sind im Schatten.

„Nur Hirnschalen", stellt sie fest. „Ein gutes Zeichen. Sie denken alle!"

Ein Bleistift fällt zu Boden. Es kracht, als hätte man eine Knallerbse zertreten. Alle erschrecken, auch sie. Alle drehen die Köpfe in Richtung des Geräusches. Alle sind verärgert über die unnötige Störung. Fast alle. Der pomadisierte Jüngling vorne rechts grinst. Zu spät wird ihr klar, dass er die Chance genutzt hat. Irgendwie hat er in der Zeit, in der alle abgelenkt waren, vermutlich geschwindelt.

Sie überlegt, ob sie sich ärgern soll, ob sie etwas unternehmen soll, ob sie ihn auffliegen lassen soll – ob sie überhaupt kann. Der Junge ist so hübsch und blond – sie kann es nicht. Sie grinst zurück.

Während der nächsten halben Stunde denkt sie über die Relativität der Gerechtigkeit nach.

Aula

In der Wahrheit liegt die Freiheit,
steht in großen Lettern an der Wand.
Was ist Wahrheit
was ist Freiheit,
wo sind beide abgeblieben?
Werden wir sie hier wohl finden?
Eher nein!

Sesselreihen füllen rasch sich,
Füße scharren am Parkett,
den Kammerton sucht jetzt der Geiger,
man spielt feierlich Quartett.
Und wie Krähen, schwarz und drohend,
treten hohe Herren ein.
Tragen Krähen gold'ne Ketten und Barette?
Eher nein!

Und doch schlagen sie mit Flügeln,
diese dunklen Ehrenwerten,
ihre Worte steigen auf,
sollen and're auch erheben -
bleiben in den Scheiben[3] kleben,
die über ihren Häuptern schweben
wie verstaubte Heiligenscheine.
Freiheit, Wahrheit, die ich meine,
hat es jemals sie gegeben?
Eher nein!

---

[3] Die Beleuchtungskörper in der Aula der Universität Innsbruck
waren scheibenförmig.

Abgabe

... Prüfungsdauer: 3 Stunden...

Die drei Stunden sind bald um. Sie blickt auf die große Uhr am anderen Ende des Hörsaals. Noch zehn Minuten.

„Wenn ich die Kandidaten jetzt warne, mache ich sie wahrscheinlich unnötig nervös", denkt sie. „Andererseits sind es wohl nur wenige, die die Arbeit noch nicht beendet haben".

Der Geräuschpegel ist in der vergangenen Viertelstunde merklich gestiegen. Blätter werden zusammengerafft, Schreibgeräte mit Hülsen versehen, Taschen geöffnet, Nasen geputzt, mit Nachbarn geflüstert.

Sie sagt doch: „Noch zehn Minuten, meine Herrschaften!"

Es bricht keine Panik aus. Die meisten haben es geschafft, in irgendeiner Form mit den gestellten Aufgaben fertigzuwerden. Nur da und dort wird noch hektisch geschrieben, gezeichnet, unterstrichen. Sie ist überzeugt, dass es sich bei diesen nicht um fachlich schwache Kandidaten handelt, sondern um die Musterschüler. Ihr Blick fällt auf einen älteren Herrn in der letzten Reihe. Sie kennt ihn. Er nimmt sein Seniorenstudium sehr ernst. Er schreibt auch noch.

Der große Zeiger springt mit einem Ruck auf die Zwölf. Sie steht auf, klopft mit dem Kugelschreiber dreimal auf das Pult und sagt mit deutlich erhobener

Stimme: „So, Leute, das war's für heute. Bitte geben sie Ihre Arbeiten jetzt bei mir ab!"

Es beginnt ein Run auf sie. Die Blätter werden ihr mit großer Hast entgegengereicht. Sie kommt nicht nach, die Papiere geordnet abzulegen. Der Haufen wird schlampig. Über den Wald von erhobenen Armen mit Blättern hinweg sieht sie noch einige Kandidaten schreiben. Sie sollte sie einbremsen, aber sie ist zu beschäftigt. Es dauert etliche Minuten, bis der Ansturm abebbt. Dann gelingt es ihr, das Pult zu verlassen und die letzten Arbeiten abzukassieren. Der letzte ist der Seniorstudent. Er übergibt ihr seine Arbeit sorgfältig mit einer weißen Büroklammer zusammengefasst.

Sie weiß nicht, warum sie „Danke!" sagt, aber es ist ihr, als würde es sich einfach so gehören.

Paradiesvogel Pale Bride (Acryl auf Leinen)

Die Probleme von Menschen mit Migrationshintergrund auf dem Arbeitsmarkt sind nichts Neues. Waren es in den Fünfziger- und Sechzigerjahren die Italiener, Spanier und Portugiesen, die unter den Vorurteilen der Bevölkerung litten, übertrugen sich diese völlig unreflektiert auf alle nachfolgenden Gast- oder Fremdarbeiter bis hin zu den Flüchtlingen der vergangenen Jahre. Xenophobie scheint nicht auszurotten zu sein - Vorurteile schon gar nicht!

Der Lehrling Bratocic

Das Telefon läutet. Herr Wagner lässt es läuten: viermal, fünfmal. Endlich entschließt er sich, den Hörer abzunehmen.

„Firma Technocomp – Wagner am Apparat! Oh, Frau Amtsrat! Schön, dass Sie sich melden! Ich habe Ihren Anruf schon erwartet!" Wagner lässt die Gesprächspartnerin nicht zu Wort kommen. „Ich weiß, es geht um den kleinen Jugo[4], den Bratocic. Schicken Sie den Burschen ruhig her!"

Viel kann die Frau Amtsrat in der kurzen Pause nicht sagen. Schon fährt Herr Wagner fort: „Klar, klar, wir kennen das Problem. Wir kriegen den Burschen schon klein. Er soll gleich morgen anfangen, um achte – aber pünktlich. Freut mich, wenn wir dem Jugendamt

---

[4] Emigrant aus dem ehemaligen Jugoslawien

wieder einmal helfen können. Grüße Sie, Frau Amtsrat. Empfehlungen an den Herrn Hofrat!"

Die Frau Amtsrat am anderen Ende der Leitung hat ein eigenartiges Gefühl. Zögernd legt sie den Hörer auf, nachdem nur mehr das Freizeichen zu hören ist. Sie überlegt, was Herr Wagner gesagt hat – irgendwo im Hinterkopf schrillt ein Alarm, weil es aber im gleichen Augenblick an der Türe klopft, kann sie dieses Gefühl nicht weiterverfolgen. Sie vergisst die Sache über den Problemen, die eine neue Partei ihr schildert.

Drago Bratocic ist sechzehn Jahre. Er ist in Österreich geboren – sein Vater stammt aus Kroatien. Aber er hat keinen Vater mehr. Auch keine Mutter. Die verschiedenen Pflegeplätze, an denen er seine Kindheit verbracht hat, waren mehr oder minder von kurzer Dauer.

„Das Kind ist schwierig und so aggressiv", hieß es meist sehr bald. Das Jugendamt betrachtet Drago als typischen Problemfall ohne besondere Aussichten auf ein geregeltes Leben. Dass die Firma Technocomp unter dem Titel „soziales Engagement" hin und wieder Lehrlinge vom Jugendamt übernimmt, ist löblich. Allerdings wird dieses Engagement auch öffentlich betont: es dient der Publicity.

Drago tritt seine Stelle als kaufmännischer Lehrling an, obwohl er nicht gefragt wir, was er wirklich lernen möchte. Er denkt: „Es hat mich nie jemand gefragt, was ich möchte. Ich möchte nicht rechnen, ich möchte nicht schreiben, ich möchte nicht verkaufen, ich möchte nicht hin- und hergeschickt werden. Ich möchte etwas machen."

Am ersten Tag ist er pünktlich, hört widerspruchslos den Ausführungen des Herrn Wagner zu, der salbungsvoll von der Aufgabe spricht, die er aus reinem Edelmut übernommen hat: jungen, auffälligen Burschen das Leben zu erklären. In Drago sieht es nicht so ruhig aus, wie er sich gibt. Der Widerspruch kocht, brodelt in seinem Kopf.

„Nicht wieder ausrasten!" befiehlt er sich krampfhaft. „Die Frau Amtsrat hat es gut gemeint".

Die Frau Amtsrat ist für Drago eine Respektsperson, die einzige, vor der er sich nicht fürchtet. Vielleicht mag er sie auf seine Art sogar, aber darüber will er nicht nachdenken. Er mag kaum Menschen – sie mögen ihn ja auch nicht. Er mag Papier und Farbe – und dann mag er auch noch Gold. Gold zu besitzen, es in den Händen zu halten, ihm eine Form zu geben – die Form der Sonne – das würde für ihn Glück und Freiheit bedeuten, eine Freiheit, von der er sich, seit er denken kann, ausgeschlossen fühlt.

Der missglückte Einbruch bei einem Juwelier hat ihm zwei Jahre im Heim eingebracht. Damals war er noch keine vierzehn und strafunmündig. Nachträglich betrachtet, denkt Drago, dass diese Zeit gar nicht die schlechteste war. Zwei Jahre lang wurden die Bezugspersonen nicht gewechselt, zwei Jahre lang wusste er, wohin er gehörte, zwei ganze Jahre lang.

Drago will alles tun, was ihm Herr Wagner aufträgt. Er läuft, er räumt auf, er versucht zu schreiben, zu rechnen – er versucht es ernsthaft, aber die Versuche genügen Herrn Wagner nicht. Herr Wagner ist sehr unzufrieden. Weil er aber von seinem sozialen Sendungsbewusstsein erfüllt ist, gibt er nicht auf. Er wird den Buschen schon klein kriegen, denkt er und lässt ihn Stunden um Stunden Lagertabellen abschreiben, die der Computer in wenigen Minuten erledigen könnte.

Drago findet sich mit dem Zustand mangels anderer Möglichkeiten ab. Er hört nicht mehr zu, wenn Herr Wagner schreit. Er hört auch nicht genau zu, wenn er ihm etwas in harschem Befehlston aufträgt. Der Erfolg ist entsprechend. Aber es erscheint Drago so völlig sinnlos, Arbeiten zu erledigen, zu denen er keine Beziehung finden kann. Er tröstet sich mit dem ihm seit frühester Kindheit eingebrannten Wissen, dass er fremd ist, dass er ein „Tschusch" ist, dass er es immer bleiben wird - fremd. Er ist überzeugt, dass ihn die Kollegen in der Firma deshalb auch nicht ernst nehmen. Sie hänseln ihn, aber er ist es gewöhnt, der „Tschusch" genannt zu werden. Es prallt an ihm ab, wenn er sich immer wieder mantra-artig vergegenwärtigt, dass er Österreicher ist. Sich zu verteidigen, hat er aufgegeben. Kämpfe waren stets zu seinen Ungunsten ausgegangen oder von höherer Warte entschieden worden. Seine Aggressionen zu unterdrücken ist der einzige positive Lernprozess, den er durchgemacht hat.

Dass er es trotzdem einige Monate in der Firma aushält, verleitet Herrn Wagner und auch die Frau Amtsrat zu der irrigen Hoffnung, dass sich Drago doch noch eines Tages in die Gesellschaft eingliedern ließe. Weil das Jugendamt über das Verhalten des Jungen regelmäßig informiert werden will, ersucht der Chef Herrn Wagner, ihn über die Fortschritte des Lehrlings Bratocic auf dem Laufenden zu halten. Es ist Zufall, dass die Türe zum Chefbüro offensteht und Drago leider jedes Wort mithört. Es tut ihm nicht weh, dass dieser Wagner, dieser Leuteschinder, kein gutes Haar an ihm lässt. Er hat es nichts anderes erwartet. Dann aber sagt der Chef:

„Wenn der Knabe doch wenigstes wirklich ein Tschusch aus einem miesen Milieu wäre, dann könnte ich verstehen, dass er es nicht bringt. Aber seine Mutter war so eine begabte junge Wissenschaftlerin. Sie wissen ja, Wagner, dass sie zusammen mit ihrem Mann, der einen Doppelmord begangen hat, freiwillig aus dem Leben geschieden ist. Sie hätte eine große Zukunft vor sich gehabt. Der Junge ist nur zu bedauern!"

Drago hört alles – und glaubt auch alles. Endlich glaubt er zu wissen, warum er von allen gemieden wird. Endlich bekommen die vielen negativen Erfahrungen seines jungen Lebens einen Sinn. Nicht weil er ein „Tschusch" ist, wird er gemieden, nein! Er ist der Sohn eines Mörders – schlimmer noch: eines Doppelmörders. Jetzt weiß Drago auch endlich, warum er so voll Aggressionen ist: er wird auch ein Mörder – ist zum Mörder geboren.

„Ich bring' sie um – ich bring sie alle um: den Wagner zuerst!" denkt er. Die Panik über diesen Gedanken lähmt jedes Empfinden für Realität. Überstürzt verlässt er die Firma.

„Nur weg!" denkt er. „Nur weg mit mir!" Zum ersten Mal in seinem Leben erscheint ihm der Weg, der vor ihm liegt, klar und gerade.

Die Nachricht, dass der Lehrling Bratocic aus der Firma verschwunden ist, erhält die Frau Amtsrat von

Wagner erst drei Tage später. Sie weiß es jedoch bereits: unmittelbar davor hat die Polizei sie wegen der Identifizierung einer männlichen, jugendlichen Leiche in die Gerichtsmedizin bestellt.

Die Frau Amtsrat steht in der kalten Halle der Pathologie. Auf der Bahre unter dem weißen Tuch liegt ein schmaler Körper.

„Wie klein er ist!" denkt sie, „So klein war er trotz der vielen Erniedrigungen in seinem Leben nie. Er war doch ein stattlicher Bursch: groß, kräftig, muskulös – schön. Sie haben ihn klein gekriegt – der Wagner und alle anderen. Der Wagner hat es ja damals schon angekündigt: wir kriegen ihn schon klein! Ich war nur zu dumm, es zu merken. Sie haben ihn klein gekriegt – verdammt klein!"

Als sie das Formular für die Bestattung unterschreibt, weint sie – auch um den Jungen, aber vor allem über ihre eigene Hilflosigkeit.

Arbeitslosigkeit, vor allem bei den Jungen, ist in den letzten Jahren wieder zunehmend ein Thema geworden. Vor allem alleinerziehende Mütter können ein Lied davon singen, wie schwer es ist, Beruf und Familie unter einen Hut zu bringen, auch wenn sich von den Gesetzen her einiges gegenüber den Achtzigerjahren verbessert hat.

Schwer vermittelbar

(autobiografisch)

„Es tut mir leid, aber Frauen in Ihrer Situation sind schwer vermittelbar!"

Wieder bekomme ich von der resoluten Beamtin des Arbeitsamtes die Auskunft, dass keine entsprechende Stelle angeboten würde. Ich empfinde es als ungerecht und gehässig, dass sie mit einem Unterton spricht, als hätte ich sie persönlich für den Fehlschlag verantwortlich gemacht.

„Schwer vermittelbar!" Die Tatsache ist mir in den letzten Wochen schmerzlich zu Bewusstsein gekommen. Meine persönlichen Umstände sind offensichtlich so geartet, dass kein Arbeitgeber das Risiko auf sich nehmen will, mich zu beschäftigen. Ich kann im Grunde auch sehr wenige konkrete Fähigkeiten vorweisen. Die Frage „Was haben Sie eigentlich gelernt", die ich in den vielen Wochen vergeblicher Arbeitssuche zu beantworten selbst verlernt habe, geht mir immer wieder im Kopf herum. Was habe ich wirklich gelernt? Auf meinen anfangs noch einigermaßen selbstbewusst vorgebrachten Hinweis: „Ich habe die Matura[5]" ist zu oft die lapidare Frage gefolgt „AHS[6] oder berufsbildend?" Die deutlichste Abfuhr hat mir neulich der Personalchef einer Steuerberatungskanzlei erteilt:

„Mein liebes Kind", sagte er „Mit Ihrer AHS-Matura können Sie baden gehen. Sie haben nichts, absolut nichts gelernt, was man im täglichen Berufsleben brauchen könnte. Warum studieren Sie denn nicht etwas Brauchbares?"

Ich habe seine Frage nicht beantwortet. Jemand wie der hätte ohnedies keinen Funken Verständnis dafür aufgebracht, dass man als geschiedene Frau mit einem vier Monate alten Kind ohne Möglichkeit, von dem inzwischen ins Ausland verschwundenen Exgatten Alimente zu bekommen, nicht einmal im Traum daran denken konnte, zu studieren. Diese Chance hatte ich vertan – vielleicht aus naiver Dummheit, weil ich geglaubt hatte, eine ganz altmodische Ehe führen zu können und damit abgesichert zu sein.

Den Vorwurf der Dummheit muss ich mir auch von meiner Mutter machen lassen.

„Sei wenigstens nicht so blöd, dass du dich von dem Kind noch abhängiger machst als notwendig. Still endlich ab, dann kannst du wenigstens kommen und gehen, wann du willst. Ich schau schon auf den Wurm!" keift sie in das Telefon, das ich nur noch wenige Tage zur Verfügung haben würde. Die letzte Telefonrechnung liegt unbezahlt auf dem Spiegeltisch im Schlafzimmer, in bester Gesellschaft mit etlichen anderen

---

[5] Österreichisch: Abitur
[6] Allgemeine höhere Schule

unbezahlten Rechnungen, die ich nicht einmal geöffnet habe.

Wenn ich die kleine Wohnung halten will, wenn ich für mich und das Kind den Lebensunterhalt sichern will, muss ich in allernächster Zeit einen Job finden. Der Gedanke, von der Fürsorge leben zu müssen oder, genauer gesagt, mit staatlicher Unterstützung dahinzuvegetieren, steht wie ein Schreckgespenst vor meinen Augen. Ich entwickle panische Aktivität. Zunächst stille ich tatsächlich in kürzester Zeit ab. Das Kind leidet darunter interessanter Weise weniger als ich. Für mich ist es eine körperliche, psychische und wegen der hohen Preise für Säuglingsnahrung eine beachtliche finanzielle Belastung. Aber es macht mich tatsächlich ein bisschen weniger abhängig.

Vormittags renne ich auf das Arbeitsamt, rufe alle möglichen Firmen an, die in den Zeitungen inseriert haben. Ich hetze mich ab, um die wenigen Vorstellungstermine, die man mir nach einer ersten Kontaktnahme anbietet, zumindest pünktlich einzuhalten – keine Chance!

„Schwer vermittelbar?" Nein! Ich bin offensichtlich überhaupt nicht vermittelbar. Der einzige Weg, meine offenbar völlig nutzlose Matura einzubringen, wäre ein Posten im öffentlichen Dienst, doch gibt es hier nicht die Möglichkeit einer Teilzeitbeschäftigung[7]. Auch ist es mir mangels einer Kinderkrippe nicht möglich, das Kind den ganzen Tag abzuschieben – ich will das auch gar nicht. Ich finde es ätzend genug, das Baby stundenweise meiner Mutter überlassen zu müssen. Ich werde wohl vom hohen Ross heruntersteigen müssen.

---

[7] Wurde in Österreich erst sehr viel später eingeführt.

Das wird mir immer deutlicher: die Matura und ein paar Semester eines Studiums sind keine Basis für eine annähernd passable Position am Arbeitsmarkt. Der Gedanke, als Tellerwäscherin im Gastgewerbe, als Hilfsarbeiterin in einer Fabrik oder als Putzfrau arbeiten zu müssen, versetzt mich immer öfter in Angst und Schrecken. Was, zum Teufel, ist das für eine Gesellschaft, in der eine angeblich gute Schulausbildung keine Garantie für eine berufliche Zukunft bietet?

Manchmal hadere ich mit dem Schicksal so sehr, dass ich an den Ausstieg denke: den Ausstieg aus dieser Gesellschaft, aus den geballten Problemen – aus dem Leben? Schon stehe ich auf der Brücke. Der Fluss führt Hochwasser. Es müsste eine Kleinigkeit sein, das Kind auf den Arm zu nehmen und zu springen. Das Baby liegt zufrieden in seinem Wagen und lacht, weil ihm der Wind die Bändchen seiner Haube ins Gesicht bläst. Es lacht – und ich beginne, in eine andere Richtung zu denken. Was kann das Kind dafür, dass ich meine eigene Zukunft verdorben habe, weil ich mich in den falschen Mann verliebt habe? Was kann es dafür, dass es mit der Arbeit nicht klappt, dass ich einen verschobenen Blickwinkel zu Arbeit habe, dass die Situation am Arbeitsmarkt im Augenblick unerfreulich ist? Ich stelle ernüchtert fest, dass ich kein Recht habe, auch die Zukunft des Kindes wegzuwerfen – und es würde eine Zukunft haben, auch wenn es im Moment nicht danach aussieht. Ich schäme mich meiner unverzeihlichen Selbstherrlichkeit, über das Leben des Kindes in diesem Maße entscheiden zu wollen – ich schäme mich!

Wenige Tage später gehe ich als Hilfsarbeiterin auf eine Baustelle. Ein Restaurator stellt mich ein. Im

Vorstellungsgespräch vermeide ich tunlichst jeden Hinweis auf meine Schulbildung. Sie ist auch nicht Thema der Unterhaltung. Der Mann fragt mich auch nicht, sieht sich nur meine Hände an und meint: „Es wird geh'n!"

Es geht! Ich habe wieder so etwas wie eine Zukunft.

Nie vorher und auch nicht später (nachdem mir der Sprung in einen sogenannten „angesehenen" Berufsstand gelingen sollte) ist mir Arbeit so wertvoll erschienen. Es ist „meine Arbeit", zu der ich einen unmittelbaren Bezug habe. Wenn mein Chef am Abend die sauber freigelegten Stuckaturen kontrolliert und mich für die von mir eigenhändig angefertigten Ersatzteile lobt, spüre ich nicht mehr die Schmerzen im Rücken vom Klettern auf dem Gerüst, habe ich keine Angst mehr vor dem Absturz aus der großen Höhe der Kirche, fühle ich nicht mehr das Brennen der aufgeschundenen Finger, merke ich nichts mehr von der Kälte in den ungeheizten Räumen – ich empfinde, voll Dankbarkeit, eine tiefe Befriedigung über meine ureigenste Arbeit.

Zitronenbaum (Aquarell)

In der zweiten Hälfte der Siebzigerjahre ent-
stand, ausgelöst durch einen Song der engli-
schen Gruppe Sex Pistols und als Slogan der
Punk-Bewegung der Begriff „No Future Ge-
neration", der zur damaligen Situation der
fatalistisch gestimmten Jugend ohne Berufs-
chancen und Zukunftsperspektiven passte
und auch zur Kampfansage gegen unreflek-
tierte technische Fortschrittsgläubigkeit und
politischen Optimismus wurde. So manchem
Jugendlichen diente er aber wohl auch nur
als bequeme Ausrede, um juvenile Arbeits-
unlust zu kaschieren.

Keine Zukunft – no future

(Erzählung)

Mutter wickelte zwei belegte Brote in Alufolie.

„Du wirst eine Jause brauchen, wenn du den ganzen
Tag arbeitest!" insistierte sie. Hans zuckte mit den
Achseln. Seine Mutter war immer so besorgt und trotz
der schlechten Erfahrungen, die sie bisher mit ihm ge-
macht hatte, so voll Zuversicht. Beides fehlte ihm. Er
sorgte sich weder um die Zukunft noch machte er sich
irgendwelche Illusionen, was diese betraf. Mit aufrei-
zender Arroganz und betonter Lässigkeit beantwor-
tete er die immer wiederkehrenden Fragen der Er-
wachsenen nach seinen Berufs- und Zukunftsplänen

mit aller Abfälligkeit, die er in seine schnoddrige Stimme legen konnte:

„Noch nie `was von der No-Future-Generation gehört, oder? Ich zähl` mich dazu!"

Hans war sich aufgrund seiner fatalistischen Einstellung keineswegs sicher, ob er den Job als Lagerarbeiter in der Großbuchhandlung lange behalten würde, geschweige denn wollte. Vorläufig sollte er nur einen erkrankten Mitarbeiter vertreten. Er tat es auch nur, weil er ein wenig Geld für einen neuen Walkman[8] und die Reparatur seines Mofas brauchte. Es war ihm auch nicht wichtig, am ersten Tag mit einer Jause versorgt zu sein. Sich mit der Mutter auf eine zeitraubende Debatte einzulassen, vermied er weniger aus Rücksicht auf sie, sondern weil er absoluten „Null-Bock" auf eine bedeutungslose Streitigkeit hatte. Er steckte das Päckchen wortlos in die Aktentasche zu den Papieren, die er für seine Anstellung einreichen musste. Der Papierkram entbehrte für ihn jeder Sinnhaftigkeit. Bürokratismus hielt er schon seit seiner wenig geradlinig verlaufenen Mittelschulzeit für eines der Grundübel schlechthin. Sein innerer und äußerer Widerstand gegen die Gesellschaft ergab sich letztlich aus seinem Unvermögen und vor allem aus seinem mangelnden Willen, sich in das bürokratisch organisierte Gesellschaftsschema einzuordnen beziehungsweise einordnen zu lassen. Vielleicht war da aber auch eine nicht artikulierbare Angst in ihm, als Individuum zwischen den Rädern dieses Schemas zermahlen zu werden.

---

[8] 1979 von Sonny auf den Markt gebrachtes Abspielgerät für Musikkassetten etc.

„Gib' acht, dass nichts fettig wird!" ermahnte ihn die Mutter. Hans schüttelte den Kopf. Für sie würde er wohl immer der kleine Hansi bleiben, dachte er. Sich darüber zu ärgern, hatte er sich abgewöhnt, wie so manch andere sichtbare Reaktionen auf seine Umwelt. Er kultivierte auf für sein Alter – kürzlich war er zweiundzwanzig geworden – erstaunliche Art seine Devis:

„Nur keine Wellen!"

Dass es sich um eine spätpubertäre Schwäche handelte, mit der er seine Unsicherheit und Ängste kaschierte, war Hans nicht bewusst.

Der Lagerleiter war ein kleiner, älterer Herr, der alleine durch seine Anwesenheit eine unangenehme Hektik verbreitete. Er empfing Hans mit säuerlicher Miene und einem vorwurfsvollen Blick auf die Uhr, obwohl Hans auf die Minute pünktlich war. Er dachte abfällig: „Der alte Idiot fürchtet bestimmt um seinen Posten, weil ein jüngerer nachkommt. So ein Schwachsinn! Bin ich blöd', dass ich auf so einen ätzenden Arbeitsplatz spitze? Ich bin doch nicht bescheuert, dass ich die besten Jahre meines Lebens mit derart subalterner Tätigkeit verderbe!"

Die Gedanken des Lagerleiters betrafen jedoch weniger dessen Existenz. Er war auf seine Arbeit fixiert, funktionierte wie eine Maschine und dachte nur verärgert an eine fehlende Lieferung, die er schon mehrmals urgiert hatte. Im Laufe des Vormittags erklärte er, stets das Gefühl äußerster Eile vermittelnd, welche Aufgaben Hans zu übernehmen hätte. Hans hörte mit wenig Interesse den umständlich formulierten Erklärungen zu. Schließlich extrahierte er aus den zehn-

bis fünfzehnminütigen Monologen für sich stichwort-
artige Befehle:

Pakete vom Postwagen in den Packraum tragen!
Übernahme auf Postliste bestätigen!
Verpackung entfernen und im Papiercontainer ent-
sorgen!
Bücher nach Eingang aufstapeln!
Auf die Damen aus der Bestellabteilung warten!
Kontrollierte Einlaufliste übernehmen und dem La-
gerhalter bringen!
Kontrollierte Bücher in den Büchersilo tragen!
Fehllieferungen wieder verpacken!
Ausgänge zum Postwagen tragen!
Ende!

Die kurze Mittagspause verbrachte er in einem kleinen
Hinterhof, dessen winziges Rasenstück zwischen den
schmutzig-grauen Bürohausgiganten so deplaziert
wirkte, wie er selbst sich fühlte.

„Alt werde ich hier kaum", dachte er und blies den
Rauch seiner Zigarette gegen das viereckige Stück
hellen Himmels, das den Hof sehr weit ober über-
spannte. Es aß Mutters Brote nicht – er spürte keinen
Hunger, nachdem er hastig eine zweite Zigarette in-
haliert hatte. Er hätte sich nur gewünscht, ein paar
Züge aus einem Joint machen zu können. Ohne be-
sondere Erwartungen kehrte er in den Packraum zu-
rück.

Der Nachmittag unterschied sich nur insofern vom
Vormittag, als Hans nur mehr Ausgänge zu bearbeiten
hatte. Wieder erklärte der Lagerleiter die einzelnen
Arbeitsschritte in wortreichen Ausführungen. Wieder
reduzierte Hans:

Bücher plus Adresslabels aus der Bestellabteilung holen!
Kanten mit Kartonstreifen schützen!
Sparsam in Packpapier wickeln!
Gut verschnüren und verknoten!
Schnur sparen!
Adresszettel mit Leimpinsel aufkleben!
Pakete in den Wagen „Ausgang" legen!
Achtgeben, dass die feuchten Adressen nicht aneinanderkleben!
Abfall wegräumen!
Leimpinsel in Leimtopf stellen!
Wasser nachfüllen!
Ende!

Hans arbeitete rasch, obwohl ihm die Methode sehr altmodisch erschien. Einer direkten Kritik dem Lagerleiter oder anderen Mitarbeitern gegenüber enthielt er sich. Ab und zu fluchte er leise vor sich hin, um seiner allgemeinen, gar nicht unmittelbar aus der Tätigkeit resultierenden Unlust Luft zu machen.

Die vorbereiteten Sendungen waren lange vor Geschäftsschluss verpackt. Hans lungerte im Packraum herum, wurde vom Lagerleiter ermahnt, weil er rauchte, ging auf das Klo, ohne wirklich den Drang zu haben, ordnete die beiden Schnurrollen für kleine und große Pakete, indem er sie neu aufspulte, was er grinsend mit „Däumchen drehen" gleichsetzte. Als es endlich achtzehn Uhr war, atmete er erleichtert auf. Die Verabschiedung durch den Lagerleiter war unerwartet freundlich:

„Sie waren sehr flink! Also, dann bis morgen!"

„Bis morgen", erwiderte Hans automatisch, aber er empfand es mehr wie eine Frage. War es möglich, dass dieser Job von längerer Dauer sein würde oder sogar etwas wie eine Zukunft hätte?

„Nicht lange!" antwortete Hans für sich selbst. „Ganz bestimmt nicht lange!" Er wollte die Frage nicht unbeantwortet im Raum stehen lassen, so als hätte er Angst vor einer anderslautenden Antwort.

Mutter würde ihn auch mit Fragen überfallen: „Wie war es? Was hast du gemacht? Wer hat was gesagt? Wie geht es weiter?" Und, und, und. Hans legte sich auf dem Heimweg eine Taktik zurecht, wie er dieser quälenden Prozedur begegnen, wie er sie begrenzen könnte. Die beiden unansehnlich gewordenen Brote warf er in den nächsten Mülleimer. Eine Cola, die er an einer Würstchenbude trank, stillte für den Moment den Hunger, den er nun verspürte.

Seine Taktik ging auf. Er befriedigte die Neugier der Mutter, indem er in leuchtenden Worten beschrieb, wie viele Bücher durch seine Hände gegangen waren. Dass er entgegen seiner sonstigen Wortkargheit eine ausführliche Erklärung gab, verschaffte seiner Tätigkeit in den Augen der Mutter Bedeutung, die noch durch den Hinweis auf den großen materiellen Wert einzelner Bücher unterstrichen wurde. Dass er nicht in ein einziges Buch hineingeschaut hatte, wusste seine Mutter ja nicht.

„Ich bin hundemüde", sagte er gleich nach dem Abendessen. In Mutters Kommentar schwang gleichzeitig Bewunderung für ihren Sohn und Vorwurf gegen dessen neuen Arbeitgeber mit: „Du hast ja auch den ganzen Tag schwer gearbeitet!"

Rasch zog sich Hans in sein Zimmer zurück. Es war ihm peinlich für etwas gelobt oder bedauert zu werden, das ihm so wenig bedeutete.

Am nächsten Morgen stand Hans im Gegensatz zu seiner bisherigen Gewohnheit ohne Murren auf. Die Überraschung, dass man ihn offensichtlich für einige Zeit in der Firma behalten wollte, musste er erst gedanklich verdauen, was ihn früher als sonst geweckt hatte und ihm einige Mühe bereitete. Er konnte sich nicht entscheiden, ob diese Erfahrung angenehm oder unangenehm war. Er fühlte sich verunsichert. Bei dem Gedanken, die Arbeit könnte ihm womöglich Freude machen, schalt er sich selbst ein „reaktionäres Schwein", nahm aber sein Verhalten nicht weiter ernst, ging aufsteigenden Zweifeln aus dem Weg, indem er auf seine bewährte Art die Frage nach der Zukunft bewusst verdrängte.

Hans tat seine Arbeit in den folgenden Wochen ohne irgendwelche außergewöhnlichen positiven oder negativen Reaktionen zu zeigen oder zu verursachen. Nie schlug er ein Buch auf. Nie las er die Klappentexte, nie merkte er sich Titel länger als bis zum Abend, und das auch nur, um die Neugier und Sorge seiner Mutter in dem wiederkehrenden Spiel: „Sohn leistet verantwortungsvolle Arbeit – Mutter kann ihn bewundern" zu befriedigen.

Sehr zum Erstaunen des Lagerleiters machte Hans keine Fehler. Er konzentrierte sich auf die Sorgfalt bei der Verpackung, auf die Korrektheit der Adressen, auf die Vollständigkeit der Listen. Es gab nie Probleme, weil er sie aus tiefster Abneigung gegen zusätzliche Aktivitäten vermied.

Über seine Zukunft dachte Hans nicht mehr nach. So entkam er dem belastenden Gefühl der Unsicherheit. Wenn seine Mutter nach der Dauer seiner Anstellung fragte, zuckte er wie gewöhnlich mit den Achseln, lachte sie an und meinte:

„Du weißt es doch, Muttl: no future – nicht für mich!"

Die Frau nahm ihn nicht ernst, wollte ihn gar nicht ernst nehmen. Sie flüchtete sich in den bequemen und beruhigenden Selbstbetrug, dass sie den Jungen verstand.

Die Abende verbrachte Hans meist mit seinen „Kumpeln". Sie als Freunde zu bezeichnen, war in den Augen der Jugendlichen ebenso verpönt wie die Tatsache, dass er im Moment einer geregelten Arbeit nachging. Einige Zeit hatte er seine Tätigkeit verschwiegen, aber bald waren ihm die anderen dahintergekommen, weil er untertags nicht mehr mit ihnen herumzog. Er fuhr nicht mehr sinnlose Runden mit dem „frisierten" Mofa, um Passanten zu ärgern. Er schlenderte nicht mehr ziellos durch die Vorstadt, den Blick auf Automaten gerichtet, die zu Knacken er stets in Versuchung war. Er saß nicht mehr stundenlang herum, um zu zocken oder mit wechselnden Mädchen aus der Gruppe so lustlos zu schmusen, als erfüllte er eine lästige Pflicht.

„Du hast sie wohl nicht mehr alle!" lautete der Vorwurf seiner Freunde. Hans zuckte mit den Achseln. „Ich brauch' Flieder![9]"

---

[9] Umgangssprachlich für Geld

„Scheiße! Deiner Alten kannst du wohl nicht mehr genug aus den Rippen leiern, oder?"

Hans reagierte unerwartet sauer: „Lass` meine Mutter aus dem Spiel, du Arsch! Jeder hat nicht so einen gestopften Erzeuger wie du, du unnötige Pfeife!" Er drehte sich um und ließ seine Kumpel stehen.

Nach einem Heavy-Metall-Konzert saßen die Burschen und Mädchen halb taub und mit Aggressionen aufgeladen in einem Vorstadtcafé. Sorgsam in der hohlen Hand gehütete Joints machten die Runde. Eine große Zahl leerer Gläser stand am Tisch. Wie viele Rüscherl[10] bereits getrunken worden waren, wusste nur noch die Kellnerin, die argwöhnisch den immer lauter werdenden Haufen beobachtete und sehr wünschte, die schwarzgekleidete, recht ungepflegt aussehende Meute würde möglichst bald das Lokal verlassen.

Hans war angeheitert, aber nicht betrunken. Als ihn ein Mädchen höhnisch nach seinem Job fragte, gab er ohne Hintergedanken Auskunft. Dem Mädchen war es jedoch mit der Frage nicht ernst. Die dumme Göre wollte ihn aus Rache, weil er ihr nicht mehr die gleiche Aufmerksamkeit widmete wie früher, nur verspotten und provozieren. Laut lachte sie und brüllte:

„Hi, der kleine Wichser wird established! Schaut ihn euch an: der Schnösel buckelt, damit so ein Unternehmer-Schwein noch mehr Kies auf Kosten der dämlichen Arbeiterklasse anhäufen kann!"

---

[10] Damals noch Cola-Rum, heute oft mit Red Bull

Der ideologische Aspekt dieses Vorwurfes berührte Hans nicht. Linksorientierte Schlagworte hatten für ihn längst an Aktualität verloren. Sein Engagement in dieser Richtung war nur kurz gewesen, ein pubertärer Zeitvertreib ohne Überzeugung. Ebensogut hätte er sich einer rechtsradikalen Gruppierung anschließen können. Ihn interessierte nur die „Action": der Nervenkitzel, die Spannung, die Gefahr, das Ausüben von Macht über Schwächere. Dem Mädchen, das ihn provoziert hatte, knallte er eine, weil er sich nicht ungestraft vor allen lächerlich machen lassen konnte. Bislang war er als Ältester der Gruppe respektiert worden. Bislang hatte er allerdings auch die Devise der No-Future-Bewegung: „Wenn es keine Zukunft gibt, wie kann es dann Sünden geben ..." verlässlich hochgehalten, hatte seine Parolen den anderen unermüdlich eingehämmert, hatte verächtlich jedes Ansinnen von sich gewiesen, seinen Lebensstil zu ändern. Selbst erschrocken über seine heftige Reaktion, stammelte er eine verlegene, unverständliche Entschuldigung, stand auf und verließ fluchtartig das Lokal. Seine Kumpel sahen ihm schweigend nach. Dass Hans, ihre bisher so verlässliche Führungsfigur, sie im Stich ließ, machte sie zunächst sprachlos. Erst ein paar Minuten später löste sich die Erstarrung. Jeder und jede versuchten, ihrer Wut und Enttäuschung Luft zu machen, bis die Diskussionen den Siedepunkt erreichten und in einer Schlägerei endeten, weil die Ansichten der einzelnen über den „Verrat an ihrer Weltanschauung" enorm divergierten.

Als der Krankenstand des Mannes, den Hans nur kurzfristig ersetzen sollte, zu Ende ging, wollte er sich ohne große Zeremonie vom Lagerhalter verabschieden. Es erstaunte ihn, dass dieser ihn im Auftrag der

Personalchefs ersuchte, vorläufig noch zu bleiben. Wie es seine Art war, weigerte sich Hans über die Gründe ernsthaft nachzudenken. Er blieb, weil es weniger „Gehirnschmalz" seinerseits erforderte, als die Sache zu hinterfragen. Er blieb auch, weil er sich ausrechnete, dass ihm der geregelte Verdienst in Kürze die Möglichkeit eröffnete, sich ein richtiges Motorrad zu kaufen. Mit diesem Statussymbol würde er in seiner Gruppe wieder zum Leader, schon deshalb, weil die anderen Mitglieder noch zu jung für einen Motorradführerschein waren. Er hatte inzwischen festgestellt, dass ihm die Bewunderung und der Respekt der anderen fehlte. Er stellte aber – sehr zu seinem Erstaunen – bei sich auch eine gewisse Zufriedenheit mit der erzwungenen Gleichförmigkeit des Tagesablaufes fest. Für seine Mutter bedeutete dieser Zustand den Schritt in Richtung des Erwachsenwerdens ihres Sohnes. Sein Vorgesetzter in der Buchhandlung deutete die widerspruchslose, gleichmäßige Tätigkeit als von einem so jungen „Schnösel" nicht erwartete Verlässlichkeit. Hans selbst glaube nicht daran, sich jemals zu ändern oder ändern zu müssen. Er benütze weiterhin stereotyp sein „no future" als stehende Redensart, wenn auch nur ansatzweise eine Frage nach seiner Zukunft auftauchte.

Seine Kumpel traf Hans nur mehr selten. Er musste zur Kenntnis nehmen, dass er nicht mehr in dem Maße erwünscht war wie früher. Offene Feindschaft wagte aber keiner und keine ihm entgegenzubringen. Hans empfand diese Situation als Schwebezustand, der ihm zunehmend unangenehmer wurde, weil er keine Möglichkeit sah, rasch etwas daran zu ändern. Um das Motorrad anzahlen zu können, würde er noch einige Wochen arbeiten müsse. Er wusste, dass es sich lohnen würde. Er wusste aber auch, dass er bis zu seinem erhofften Triumph in eine Außenseiterrolle gedrängt wurde, die er nicht hinnehmen wollte. Es verletzte seinen Stolz, einen Stolz, dessen er sich immer öfter und manchmal schmerzlich bewusst wurde.

„Können Sie eigentlich das Alphabet?"

Diese Frage des leitenden Buchhändlers schien Hans absurd und verletzte auch seinen Stolz. Seine Antwort klag daher amüsiert-aufbegehrend: „Ich denke doch!"

„Sind Sie sicher? Ich garantiere Ihnen, dass Sie spätestens in drei Tagen daran zweifeln werden! Da gehe ich jede Wette ein!"

Hans fragte sich, was diese spöttischen Anspielungen bedeuten sollten. Sein „Warum das?" klang ärgerlich. Er ließ sich nicht gerne verunsichern. Instinktiv suchte er sofort, aber vergeblich, nach einer Möglichkeit einer Abwehr.

„Nach dem Warum brauchen Sie nicht zu fragen! Das werden Sie schnell merken. Ab sofort arbeiten Sie nämlich im Silo. Sie reihen die Bücher alphabetisch ein. Das System erklärt Ihnen Frau Pauli!"

Hans war sprachlos. Er fühlte sich überrumpelt, hatte keine Chance, sich zu wehren. Verständnislos starrte er den Buchhändler an. Es dauerte einige Sekunden, ehe es ihm gelang, stotternd zu reagieren: „Aber, aber …, wieso, warum …, wie wird das gehen?"

Der Buchhändler lachte: „Es wird gehen. Wir brauchen ganz dringend eine verlässliche Person für den Silo. Zwei Damen fallen aus: eine geht in Karenz, die andere hat gekündigt, weil sie sich überfordert fühlt. Wir brauchen jemanden, auf den wir uns verlassen können!"

Hans schluckte die unkluge Frage: „Damit meinen Sie doch hoffentlich nicht mich?" aus ihm nicht erklärbarem Grund hinunter. Eigentlich hätte er noch rasch sagen wollen: „Ich sehe da keine Zukunft – no future!", aber der Buchhändler wandte sich um und hatte den Packraum verlassen, ehe Hans auch nur durchatmen konnte. Er ärgerte sich gewaltig über seine mangelnde Schlagfertigkeit, konnte seinen Zorn darüber aber nur abreagieren, indem er dem Buchhändler den erhobenen Mittelfinger als eindeutig abweisende Handbewegung nachschickte, was jedoch niemand sah.

Obwohl er sich schmählich übergangen fühlte, beschloss er, den Versuch zu wagen. Sich dagegen zu sträuben schien ihm emotional zu aufwendig und daher seiner inneren Überzeugung wenig entgegenkommend. Unterschwellig hatte das aber auch mit seinem Stolz zu tun – vorrangig aber mit der Gewissheit, durch den Verdienst der Anschaffung des Motorrades näher zu kommen.

Die Vorhersage des Buchhändlers traf ein. Nach zwei Tagen im Silo hatte Hans tatsächlich das Gefühl, total verblödet zu sein. Vergeblich zwang er sich, die Buchstabenfolge immer wieder von Beginn an zu wiederholen.

„K kommt vor L, E kommt vor F" deklamierte er laut vor sich hin. „Kant vor Kerber, Konrad, Kling. Quatsch: Kling vor Konrad …!"

Irgendwann schienen die Vokale und Konsonanten durcheinander zu purzeln, als hätte man einen Setzkasten ausgeschüttet. Hans legte eine Pause ein, rauchte hastig zwei Zigaretten, holte sich aus dem Automaten einen Becher Ovomaltine. Dann versuchte er es von Neuem. In der dritten Nacht nach seiner Übersiedlung in den Büchersilo verfolgten ihn bereits alphabetische Alpträume. Die Autoren unzähliger Bücher drängten sich zwischen den fahrbaren Silostellagen. Sie hatten anstelle von Köpfen riesige Initialen. Lautstark forderten sie, von Hans sortiert zu werden. Er wusste, wenn er sich für eine falsche Reihenfolge entschied, würde er zwischen den auf Schienen laufenden, tonnenschweren Bücherregalen zerquetscht. Schweißgebadet wachte er auf, weil er eben P vor O sortiert hatte.

Am Morgen wollte er zum Personalchef gehen und ihm in aller Offenheit erklären, dass er dieser Aufgabe nicht gewachsen war.

„No future for me im Silo" würde er in dem englisch-deutschen Mischmasch sagen, das sich bei den jungen Leuten längst eingebürgert hatte. Er stellte sich vor, wie lässig er die Sache hinter sich bringen könnte. Die Hände würde er in die Hosentaschen stecken, einen „Tschigg"[11] in den linken Mundwinkel hängen und grinsend wiederholen:

„No future for me!"

Als er am Vormittag den riesigen Stapel einzuordnender Bücher sah, die ein neuer Lagerarbeiter vor dem Silo abgeladen hatte, geriet Hans in Panik. Siedend

---

[11] Österr. umgangssprachlich für Zigarette

heiß spürte er mit einem Mal, dass er nicht als Versager dastehen wollte, nachdem es außer seiner Mutter, der man in Sachen „Söhnchen" jede Objektivität absprechen musste, offensichtlich noch andere Leute gab, die Hoffnungen und Erwartungen in ihn setzten. Da war plötzlich wieder dieser seltsame Stolz, der ihm in letzter Zeit so zwiespältige Gefühle bereitet hatte und seine Gedanken auf eine Weise zu beherrschen drohte, die er zynisch als „schizoide Träumerei" abtat. Entsetzt stellte er fest, dass er insgeheim begonnen hatte, an einen beruflichen Aufstieg zu glauben, als man ihn so sang- und klanglos in den Silo versetzt hatte. Seine zur Schau getragene Gleichgültigkeit bröckelte in rasender Geschwindigkeit ab, sehr viel schneller, als er mit seinen sorgsam zurechtgelegten, seine Lebensanschauung dokumentierenden und verteidigenden Argumenten dagegen ankämpfen konnte. Er machte sich mit fliegendem Atem und schweißnassen Händen an die Arbeit, konzentrierte sich wie noch nie in seinem Leben, ließ sich durch nichts ablenken, verzichtete ohne zu Überlegen auf die Zigarettenpause, trank nur hin und wieder einen Kaffee oder eine Ovomaltine aus dem Automaten, machte unaufgefordert Überstunden, und war abends so erschöpft, als hätte er im Steinbruch gearbeitet. Sein Vorgesetzter schüttelte den Kopf - nicht, weil Hans die Arbeit nicht geschafft hätte, sondern darüber, mit welchem unerklärlichen Fanatismus sich der junge Mann in die Aufgabe stürzte. Er schwieg aber dazu, ließ Hans vollkommen freie Hand und wartete die weitere Entwicklung ab. Die erstaunlich wenigen Fehler, die Hans machte, fielen nicht ins Gewicht.

Seiner Mutter ging Hans in dieser Zeit tunlichst aus dem Weg. Er hätte es in seinem Zustand des emotionalen Aufruhrs nicht ertragen, die Show aufrecht zu erhalten, die er aus Mitleid mit ihr und um seines inneren Friedens willen seit Jahren gespielt hatte. Mangels Information konnte die Mutter annehmen, mit ihrem Sohn wäre alles in bester Ordnung.

Irgendwann – Hans hatte das Gefühl für Zeit verloren oder vielleicht auch nur verdrängt, weil er nicht daran erinnert werden wollte, wie viel Zeit er für die von ihm erwartete Leistung brauchte – ordnete er die Bücher ohne lange nachdenken zu müssen fehlerfrei. Das Alphabet war ihm in Fleisch und Blut übergegangen, ein Vorgang, der ihm noch vor wenigen Wochen beängstigend, krankhaft und seine Lebenseinstellung bedrohend erschienen wäre.

Irgendwann begann er, in den Büchern zu blättern, weil ihm Zeit zwischen den einzelnen Arbeitsgängen blieb – und weil ihm die zu Namen aneinandergereihten Buchstaben nicht mehr genügten. Irgendwann formten sich die Wörter zu Sätzen, die Neugier in ihm weckten. Irgendwann fesselten ihn die Sätze, die Seiten fingen ihn ein, erhielten Sinn, bewegten seine Gedanken, denen er so lange Trägheit aufgezwungen hatte, um sich in eine Gruppe einzuordnen, die ihn wegen seiner „Coolness" bewundert und im Gegensatz zu den Erwachsenen akzeptiert hatte, wie er war: unfertig, unsicher, ungestüm, ungeduldig, ungezähmt, ungerecht, unwissend, unverschämt jung - aber ohne Zukunft. Irgendwann kapierte er endlich, ohne noch angestrengt darüber nachzudenken zu müssen, dass er Zukunft hatte.

*Das war jetzt eine reichlich lange Geschichte
– oder? Zeit für Entspannung bei nicht ganz
ernst gemeinter Lyrik, nach der Devise: „Humor
ist, wenn man trotzdem lacht"!*

Torschlusspanik

Ich bin so ausgebrannt, wie eine alte Leuchtstoff-
röhre,
der beste Zünder startet mich nicht mehr,
ich bin verbraucht, bin leer – so leer,
ganz leer.

Ich bin so faltig wie ein altes Stück Papier
und keine flache Hand streift mich mehr glatt.
Dass man in meinem jungen Alter schon so viele,
sooo viele Falten hat?

Ich bin so antriebslos wie eine alte Bahndraisine,
kein Arm hat mehr die Kraft mich
anzutreiben.
Ich werde – Gott bewahr's – doch keine
alte Jungfer bleiben!?!?

... und noch eines zum Darüberstreuen!

Musische Gehässigkeit

Eintönig klingt das Lied der Zikade,
doch hat es schon manchen Dichter
beflügelt,
nach Worten zu suchen – in unterster Lade
und sie zu verstreuen, ganz ungezügelt.

Vielstimmig klingt das Gequake von
Fröschen,
doch tönt es selten romantisch genug,
dass Dichter verträumt ihre Kerze
verlöschen,
weil das Quaken die Stimme der Dichtkunst trug.

Hochtönig klingt das Gesurr' einer Mücke,
die ganz bestimmt keinen Unterschied macht.
Sie sticht, respektlos und voller Tücke,
den begabtesten Dichter in dieser Nacht.

Spätsommernelke (Acryl auf Papier)

Im Folgenden werden Begegnungen mit den unterschiedlichsten Menschen geschildert: ebenso verschieden wie die Protagonisten der Geschichten ist auch jeweils die Aufarbeitung der Themen, auch wenn man sie unter dem Überbegriff „Psychologisches" zusammenfassen könnte. Entstanden sind sie aber alle im Arbeitskreis „Literatur der Arbeitswelt".

Promenade

(Preisgekrönter Beitrag zu einer „Literaturtombola" - was war ich doch stolz auf den Preis von sage und schreibe 100.- Schilling!!!)

Der Mann, der mir auf der Flusspromenade entgegenkommt, geht unsicher, obwohl kein Zweifel besteht, dass er auf mich zusteuert. Trotzdem wechselt die Linie seines Weges von der rechten zur linken Seite und wieder zurück, wobei der Ausschlag dieser Kurven nicht immer gleich groß ist. Je näher er kommt, umso kürzer werden die Schwingungen, als würde eine Wellenbewegung, in die man einen trägen Körper versetzt hat, den Gesetzen der Physik entsprechend auslaufen.

Dass mich der Mann ansteuert, ist mir unangenehm. Ich erwarte keinen positiven Aspekt von der Begegnung mit einem Fremden, der ganz offensichtlich seine Bewegungen nicht unter Kontrolle hat. Die Annahme, der Mann stehe unter Alkohol, ist berechtigt. Ich verspüre nicht die geringste Lust, mich bei meinem kurzen Spaziergang, für den ich mir die Zeit ohnehin stehlen hatte müssen, mit einem Betrunkenen auseinander zu setzen.

Als der Mann einen Abstand von wenigen Schritten von mir erreicht, bleibt er stehen, zieht den dunkelgrünen Hut und sagt:

„Madame! Sie verzeihen, Madam! Ich sehe, Sie machen sich Gedanken über mich. Das sollten Sie nicht!"

Ich bleibe ebenfalls stehen und bin über seine Feststellung mehr als erstaunt. Wenn ich ehrlich bin, so mache ich mir weniger Gedanken über diesen Fremden als vielmehr darüber, wie ich ihm aus dem Weg gehen kann. Es ist mir peinlich, weil er ganz offensichtlich aus meiner Körperhaltung schon aus einem Abstand von etlichen Metern bemerkt hat, dass ich diese Begegnung als unangenehm, wenn nicht sogar als bedrohlich empfinde. Dass der Instinkt von Hunden bekanntlich ausgeprägt genug ist, Angst aus einiger Entfernung zu erkennen und darauf entsprechend angriffslustig zu reagieren, weiß ich.

„Wie ein lausiger Straßenköter!" denke ich.

Der Mann grinst, als hätte er meine Gedanken gelesen. Ich fühle mich bei etwas ertappt, das ungerechtfertigt ist. Nichts berechtigt mich zu dem Vorurteil, dass von der Begegnung mit diesem Menschen irgendeine für mich nachteilige Folge entstehen könnte. Ich verhalte mich abweisend, kann aber eine Antwort nicht verweigern, als er mit betonter Höflichkeit fragt:

„Madame! Kann ich mit Ihnen sprechen?"

Ich trete einen Schritt zurück, um eine Art Sicherheitsabstand zwischen ihm und mir zu gewinnen und frage meinerseits:

„Worüber könnten Sie mit mir sprechen wollen?"

Die aggressive Abwehr in meiner Stimme schreckt den Fremden nicht ab. Er grinst weiter und tut so, als wäre ein Gespräch zwischen uns ganz selbstverständlich, als er antwortet:

„Von Ihnen sollten wir sprechen, Madame!"

Ich muss unwillkürlich ein völlig entgeistertes Gesicht gemacht haben, denn er fährt rasch fort:

„Erschrecken Sie nicht! Ich meine, von Ihnen und mir sollten wir sprechen! Sehen Sie, Madame, Sie gehen hier spazieren – ich gehe hier spazieren: kein Unterschied, würden Sie sagen, bis auf die Tatsache, dass Sie von Westen nach Osten gehen und ich von Osten nach Westen. Aber glauben Sie mir, Madame, es gibt noch einen winzig kleinen Unterschied!"

Während er spricht, mustere ich ihn genauer. Der Mann ist vielleicht dreißig Jahre alt, sein Gesicht zeigt aber deutliche Spuren eines ausschweifenden Lebenswandels. Die Augen liegen tief in den Höhlen, zahlreiche Falten und Fältchen ziehen sich von den Augenwinkeln in alle Richtungen. Auch um seinen Mund sind Falten eingegraben, die ihm jedoch keineswegs ein trauriges Aussehen verleihen, sondern eher das eines Genießers. Ich kann mir allerding nicht vorstellen, wie jemand das billige Gebräu, wie ich dem Etikett der Flasche entnehmen kann, die aus seiner Manteltasche ragt, genießen kann. Der Anblick der Flasche bestätigt jedenfalls meine Vermutung, dass mein unerwünschtes Gegenüber säuft. Meine Toleranz Trinkern gegenüber hält sich in Grenzen. Noch deutlicher als zuvor gehe ich in Abwehrposition. Außerdem erwarte ich im Zusammenhang mit dem „winzigen Unterschied" eine obszöne Eröffnung, so wie er diese Worte betont hat. Ich wende mich zum Gehen und belle nur unwirsch:

Lassen Sie mich in Ruhe! Mich interessieren Ihre `kleinen Unterschiede` nicht!"

„Versoffenes Schwein!" denke ich noch.

Er lässt mich nicht vorbei. Ein kurzer Schritt zur Seite versperrt mir den Weg. Wieder beginnt er mit sanfter Stimme auf mich einzureden:

„Sie sind ungehalten, Madame! Seien Sie es nicht! Seien Sie mir nicht böse. Ich spreche doch nur von Ihnen – und Sie werden zugeben müssen, dass es die Wahrheit ist. Sehen Sie, Madame: Sie haben keinen Hunger, Sie haben keinen Durst, Sie haben bestimmt ein gemütliches Zuhause, Sie haben schicke Klamotten. Sie haben Geld oder einen Gatten, der sie damit versorgt. Sie haben eigentlich alles, Madame! Sie sind doch glücklich, oder?"

Dass demütiges oder unterwürfiges Gehaben so präpotent wirken könnte, ist mir bisher fremd gewesen. In diesem Moment würde ich am liebsten auf den Kerl einschlagen, so sehr reizt mich seine sanfte Art, mich zu provozieren. Genaugenommen hält mich nur der Abscheu vor den schmutzigen Kleidern davon ab, handgreiflich zu werden und den Mann zur Seite zu stoßen.

Überhaupt diese Kleider! Noch nie ist mir ein ähnlich verrückt gekleideter Landstreicher begegnet. Das Hemd, dessen Kragen ausgefranst und schmutzig ist, dürfte vormals zu einem Smoking gehört haben. Die ungebügelten Fältchen und Biesen der Hemdbrust sträuben sich in alle Richtungen und verleihen dem Mann das Aussehen eines aufgeplusterten Vogels. Auch der ursprünglich schwarz gewesene, gehrockartige Mantel trägt zu dem Eindruck bei, ein vogelartiges Wesen vor sich zu haben. Die engen, dunkelroten Hosen und die viel zu groß erscheinenden schwarzen Schuhe ergänzen vortrefflich das Bild dieses „fremden Vogels". Würde ich mich nicht über seine unverschämte Attacke ärgern, wäre ich wahrscheinlich sogar bereit, den Mann als originelle Randerscheinung unserer Gesellschaft zu bewundern. Da ich nicht gleich antworte, wiederholt er seine Frage:

„Sie sind doch glücklich, Madame?"

„Selbstverständlich!" antworte ich unwirsch, „aber ich wüsste nicht, was Sie das angeht!"

Er schüttelt den Kopf – und es erscheint mir, als schüttelte er ihn ausschließlich über meine Unfähigkeit, ihn zu verstehen. Ich will ihn auch gar nicht verstehen. Ich habe nicht die geringste Lust, mir über die Existenzprobleme eines Trinkers den Kopf zu zerbrechen. Ich will nichts anderes, als unbelästigt meinen Weg fortzusetzen. Die einzige Möglichkeit, den Mann loszuwerden, sehe ich darin, ihm Geld zu geben. Nervös nestle ich mein Portmonee aus der Handtasche, nicht ohne dabei an die zahlreichen Warnungen zu denken, vor zwielichtigen Gestalten niemals das Geldtäschchen herauszunehmen. Zu schnell könnte es einem entrissen werden. Der Mann macht aber keinerlei

Anstalten. Er grinst nur, schüttelt den Kopf und behandelt mich nachsichtig wie ein schwachsinniges Kind.

„Madame, Sie denken doch nicht etwa, ich wäre gewalttätig? Nein, Gnädigste, das denken Sie doch nicht! Doch nicht von mir?"

Als könnte er sich über mein Misstrauen gar nicht genug wundern, fährt er fort, den Kopf zu schütteln. Mich macht es total konfus, dass er schon wieder meine Gedanken erraten hat. Mein einziges Bestreben richtet sich panikartig darauf, den unheimlichen Gegner endlich loszuwerden. Überstürzt ziehe ich einen Hundert Schilling - Schein aus der Tasche, überwinde in ungezügeltem Zorn die Abneigung gegen das ungepflegte Äußere meines Gegenübers und stecke das Geld mit einer raschen Bewegung in die leicht eingerissen Brusttasche seines grauschwarzen Gehrocks.

Die Schnelligkeit meiner Bewegung überrascht den Mann. Es gelingt mir, an ihm vorbeizukommen. Aus einigen Schritten Entfernung rufe ich noch mit jener Empörung in der Stimme, die ich während der gesamten Begegnung empfunden habe:

„Das reicht für einen ganzen Karton von dem Gesöff, mit dem Sie sich volllaufen lassen. Vielleicht macht Sie das glücklich, Sie, Sie!"

Ich vermeide es, ein Schimpfwort zu gebrauchen, denn ich habe das ungute Gefühl, mich ohnehin schon genug blamiert zu haben. So rasch ich kann, entferne ich mich und wage es erst nach etwa fünfzig Metern zurückzuschauen. Der Mann hat sich in die entgegengesetzte Richtung in Bewegung gesetzt. Ich sehe nur noch seinen dunklen Rücken. Gesagt hat er nichts mehr. Ich aber bleibe stehen und weiß keine Antwort auf seine für mich brennend gewordene Frage:

„Sie sind doch glücklich, Madame, oder?"

Distanz

Sie geht schweigend hinter ihm. Der weiche Waldboden, übersäht mit den braunen, langen Nadeln der hochstämmigen Föhren, dämpft die Schritte. Nahezu lautlos bewegen sie sich vorwärts: er mit für einen Sportler unproportioniert kleinen Schritten, sie mit ungeduldigem Kraftüberschuss – nicht nur in den Beinen. Das Rauschen des Baches in der tieferliegenden Schlucht und das gelegentliche Pfeifen weniger Vögel in den Wipfeln der Föhren sind Geräusche, die sie überdeutlich wahrnimmt, weil sich die Stille zu materialisieren scheint.

Sie geht hinter ihm und starrt auf das gelb-braune Karo seines Hemdes, bis die geometrischen Linien vor ihren Augen zu einem dreidimensionalen Muster werden, bevor sie wieder zu zerfließen beginnen. Sie wischt sich die Tränen aus den Augen, die brennen – die brennen wie die bittere Frage, an der sie immer wieder vorbeimuss, als wäre sie ein Esel, in das Joch eines Brunnens gespannt, den sie blind umkreist.

Sie geht hinter ihm auf einem ebenen, fast geraden Weg und geht doch einen Kreis, aus dem sie nicht heraustreten kann – es nicht darf, weil sie ihm nicht jene Schmerzen zumuten will, die sie spürt. Jeder Versuch, wenigstens mit der Hand, mit nur einem Finger, aus dem Kreis hinaus nach ihm zu fassen, scheitert: als würde sie sich Hände an totem, zersplittertem Holz anschlagen, aufreißen, die Haut schürfen, das Brennen einer Wunde spüren, die sie nicht wie ein verletztes Tier lecken kann.

Sie geht hinter ihm und sieht die Sonne und die Schatten auf seinem hellen, schütter werdenden Haar. Anfassen dürfen, darüberstreichen über das graue Blond, über die kahle, runde Stelle am Hinterkopf, die Finger an jene Stelle legen, an der sie sein Blut pulsieren spürt, die Handflächen über die Schläfen gleiten lassen bis zu den Ohren – den haarigen Ohren! Sie fühlt, wie ihre Hände warm werden. Sie wäre bereit, durch den ihr angeborenen, über das normale Maß ausgeprägten Tastsinn Erkenntnisse zu suchen. Sie möchte ihn so gerne erkennen.

Sie geht hinter ihm wie eine Schlafwandlerin, setzt einen Schritt vor den anderen wie eine Maschine, hat aufgehört, ihre Umgebung wahrzunehmen, sieht nicht mehr den Himmel über der engen Schlucht, in dem ein menschlicher Adler mit einem roten Fluggerät seine Kreise zieht, nicht das hervordrängende Grün der ersten Frühlingspflanzen, nicht das sanft schwelende Rosa des Heidekrauts, das sie immer geliebt hatte, nicht die blauen und weißen Sterne der Leberblümchen im strohigen Braun des letztjährigen Grases. Sie ist blind und taub – besteht nur noch aus unbefriedigtem Tastsinn.

Sie stolpert, wacht auf aus dem hypnotischen Zustand, schüttelt den Kopf, als könnte sie mit dieser heftigen Bewegung die Gedanken vertreiben, die sie quälen, fühlt das Blut aus ihren Händen wegfließen, fühlt sie kalt werden, diese Hände, denen sie weit mehr vertraut als ihren immer schwächer werdenden Augen, Händen, die ihr die Augen so oft schon ersetzt haben. Sie spürte die Gewissheit in sich:

Ich werde ihn nicht kennen können, solange ich ihn nicht berühren darf!"

Sie geht hinter ihm und friert aus Angst vor dem Fremden, der da vor ihr geht. Sie weiß, dass sie der quälenden Frage nicht ausweichen kann: „Warum?" In ihrem Kopf kreisen die Gedanken wie auf einem Karussell, rascher werdend, enger werdend, als bewegten sie sich auf einer Spirale hin zu einem Endpunkt im Zentrum ihrer Kraft. Wie eine Explosion tobt die Erkenntnis durch ihren ganzen Körper:

„Er hasst mich! Er hasst mich, weil er sich davor fürchtet, dass ich in seine Freiheit eindringe, diese Freiheit beschneide, sie ihm wegnehme; das Einzige, was er zu besitzen glaubt: seine Freiheit!"

Sie geht neben ihm, weil der Weg breiter geworden ist. Die Distanz zwischen ihm und ihr aber bleibt unüberbrückbar, obwohl sie bereit wäre, selbst unter Lebensgefahr durch dieses Vakuum zu gehen, das zwischen ihnen liegt.

Ganz schnell ein kleiner Ausflug in die Lyrik!

Zwang

Das Leben ist kein Honiglecken,
kein Kinderspiel und kein Genuss,
weil man an allen End' und Ecken
verdammt viel müssen muss!

Sprach Lessing einst „Kein Mensch muss müssen"[12],
so würde ich schon gerne wissen,
wie er sich damals das gedacht;
wie man was ohne Müssen macht?

Die Freiheit hat, wie ich oft meine,
gewaltig einen Pferdefuß,
der Fiskus hat uns an der Leine
und sagt, was jeder Müssen muss.

Gesetz, Verordnung und Erlass
sind es, die uns zum Müssen zwingen,
wir müssen alle Opfer bringen,
doch Müssen macht sehr selten Spaß!

---

[12] Gotthold Ephraim Lessing (1729-17819 „Nathan der Weise"
1.Akt,3. Auftritt

Zurück zu den Problemen der zwischen-
menschlichen Beziehungen:

Triple

ER

Als ich erwache, weiß ich, dass Aggie fort ist. Das Bett neben mir ist zwar schon die ganze Nacht leer, weil Aggie es vorgezogen hat, nach der albernen, kleinen Meinungsverschiedenheit von gestern Abend im Wohnzimmer auf der Couch zu nächtigen. Die Stille im Haus verrät mir jedoch, dass sie weg ist.

„Egal!" denke ich, „soll sie ruhig schmollen und zu ihrer lieben Mutter laufen! An deren üppiger Brust sich auszuweinen, ist bestimmt ein erhebendes Gefühl. Prost, Mahlzeit!" Ich drehe mich um und will weiterschlafen.

„...oder ist es bei Ma's Fülle eher beängstigend?" schießt es mir plötzlich. Die Überlegung, die Decke über den Kopf zu ziehen und allen Ärger einfach zu verdrängen, wird wider Erwarten von ganz hinten in meinem Schädel von einem eigenartigen Gefühl unterbrochen, dass ich am ehesten und zögerlich als Verantwortungsbewusstsein einordnen müsste.

„Dämlich!" schelte ich mich. „Du bist einfach nur dämlich! Was sollte Aggie schon groß passieren, wenn sie zu Muttern rennt? Und wie ich meine geschätzte Schwiegermutter kenne, wird sie Aggie spätestens nach einer Stunde mit ihrem stereotypen Vorwurf: „Ich hab's dir ja gleich gesagt" den Nerv gezogen haben. Ich höre Ma's raumfüllende Stimme förmlich, als stünde sie im Zimmer:

„Agatha! Mein Kind! Er ist ein unnützer Typ! Lass die Finger von ihm!"

Aggie hat die Finger nicht von mir gelassen, was ich ihr noch heute gar nicht hoch genug anrechnen kann. Also erhebe ich mich mit dem Gefühl, doch etwas unternehmen zu müssen, ächzend aus dem Bett. Ich schlurfe in die Küche, wo der Kaffee wie gewohnt auf der Warmhalteplatte steht. Er schmeckte allerdings etwas dürftig. Aggie hat offensichtlich noch mehr als sonst mit dem Pulver gespart, getreu den Ermahnungen ihrer lieben Mutter, „diesen Kerl bloß nicht zu verwöhnen!"

„Besser dünn als nach Bittermandeln!" spöttle ich, während ich das Gebräu in mich hineinschütte. Sollte es mir gelingen, diese kleine Krise in unserer Ehe beizulegen, woran ich keinen Zweifel hege, würde ich Aggie endlich davon überzeugen müssen, dass selbst englischer Morgenkaffee aus mehr als nur einer, an einem Seidenfaden durch die Kanne gezogenen Bohne bestehen sollte. Die schottische Sparsamkeit, gepaart mit schwäbischem Geiz meiner Schwiegermutter hat wohl doch auf ihre Tochter abgefärbt. Wie wenig man an die Folgen derart banaler Dinge denkt, wenn man verliebt ist!

Im Bad herrscht das übliche morgendliche Chaos. Feuchte Handtücher hat sie achtlos über den Wannenrand geworfen, die Zahnpastatube nicht zugedreht und der Fön liegt– angesteckt, wovor ich Aggie schon tausendmal gewarnt habe – im Waschbecken, in dem sich etliche von Aggies dunklen Haaren ringeln. Das

Fläschchen mit dem purpurroten Nagellack für Aggies süße kleine Zehennägel steht am Klodeckel, der Kamm liegt am Boden und die Waage befindet sich mitten im Raum, sodass ich darüber stolpere. Es ist zwar für Aggies Selbstbeherrschung bezeichnend, dass sie auch in dieser schwierigen Situation nicht vergessen hat, ihr Gewicht zu kontrollieren. Ich verzichte daher auf meinen üblichen, bissigen Morgenkommentar über die Schlampigkeit junger Frauen im Allgemeinen und meiner lieben Aggie im Besonderen. Wortlos nehme ich den Föhn aus dem Becken. Er ist noch lauwarm.

„Kombiniere", denke ich, „Aggie ist noch nicht lange aus dem Haus. Wenn ich mich beeile, kann ich sie einholen, bevor sie den Zug nach Chichester erreicht."

Der fade Geschmack des dünnen Kaffees bringt mich auf die Idee, dass es wahrscheinlich besser wäre, Aggie nach Hause zu holen, bevor Schwiegermutters Einfluss zu prägend auf das Verhalten meines kleinen Frauchens würde. Ich schlüpfe in aller Eile in die Kleider, stülpe meinen alten Hut, von dem Aggie immer behauptet, er sähe aus wie der einer Vogelscheuche, auf den Kopf, reiße den Trenchcoat vom Haken und bin schon auf der Treppe, als mir einfällt, dass sich ein Gentleman ohne Krawatte nicht sehen lassen kann – vor allem nicht bei seiner Schwiegermutter. Den äußersten Fall, dass ich Aggie erst in Chichester einholen könnte, muss ich in Betracht ziehen, obwohl mir der Gedanke daran sehr wenig verlockend erscheint. Aggie aus Ma's Armen zu reißen, kommt nämlich meiner Meinung nach etwa der Großtat Tarzans gleich, seine Angebetete einer Riesenschlange zu entwinden.

Ich stürme zurück ins Schlafzimmer, greife hastig in den zum Glück noch offenstehenden Schrank und ziehe eine meiner dezent gemusterten Seidenkrawatten heraus. In der Eile greife ich nach einer grünen, die vielleicht nicht ganz zu meinem blauen Sakko passt, aber in dieser Situation kann ich nicht wählerisch sein. Wenige Sekunden später fällt die Haustüre ins Schloss. Im Laufschritt befinde ich mich auf dem Weg zur Paddington Station.

SIE

„Nie hätte ich gedacht, dass Larry so krankhaft pedantisch sein könnte – und so herzlos! Typisch Mann! Bei sich selbst ist er jedenfalls viel großzügiger. Ich ginge niemals mit einem so alten, abgetragenen Hut durch die Gegend! Aber mich heißt er schlampig, bloß weil ich die blöde Zahnpastatube nicht zugeschraubt habe! Und was ist mit ihm? Er lässt dafür die Kastentüren offen! Lawrence B. Cooper ist ein Ekel! Jawolll! Ein ausgemachtes, altes Ekel! Meine Mutter hatte schon recht, als sie mich vor ihm warnte!"

Wütend stapfe ich durch den grauen Schneematsch, der an diesem Morgen Londons Straßen mit glitschigem Schmutz überzieht – ausgerechnet heute. Normalerweise schneit es doch bei uns überhaupt nicht! Der Weg bis zur Paddington Station zieht sich in die Länge, weil man auf den rutschigen Gehsteigen nur langsam vorwärtskommt. Ich habe also verdammt viel Zeit, noch einmal die Situation durchzudenken. So sehr ich mich dagegen sträube: in der kalten, rauchigen Dämmerung verschiebt sich das Bild, das ich mir vom Ende unserer Ehe gemacht habe. Es verschieben sich auch die Erinnerungen, die Empfindungen und die Wünsche, vor allem die Wünsche.

Gestern Abend, als er mir die wildesten Vorwürfe und Verwünschungen an den Kopf geworfen hat, wünschte ich mir nichts anderes, als davonzulaufen. Mutter würde mich mit offenen Armen empfangen und mich trösten. Nie wieder wollte ich zurückkehren und mich damit abplagen zu müssen, das Bad aufzuräumen, bevor sich der „gnädige Herr" in der Früh zu seiner exzessiven Morgentoilette begibt. Und – vor allem – würde ich mir nie mehr das Gejammere anhören müssen, dass der Kaffee seiner Mutter so viel besser gewesen wäre. Kunststück! Sie war ja die Frau eines Kaffeepflanzers. Trotzdem ist es mehr als lächerlich, dass Larry noch heute, nachdem seine Eltern schon fünfzehn Jahre tot sind, einen so affigen Kult mit dem Kaffee aufführt.

„Soll er ihn sich doch selber machen, wenn ihm meiner zu wenig gut ist. Aber nein – da müsste der gnädige Herr zehn Minuten früher aufstehen – das faule Stück!" rufe ich wütend in die kalte Luft. Der Mann, der mir gerade entgegenkommt, schüttelt zu Recht über meinen Ausbruch nur den Kopf. Wahrscheinlich denkt er: „Die spinnt!"

Ich stapfe weiter. Bald stelle ich missmutig fest, dass ich einen großen Fehler gemacht habe. Statt beleidigt das Feld zu räumen und meine endgültige Rückkehr zu Mutter als Drohung in den Raum zu stellen, hätte ich lieber Larry hinauswerfen sollen. Dann hätte jetzt er kalte, nasse Füße. Mir ist so elendiglich kalt!

Und überhaupt: der Gedanke, dass meine ewig nörgelnde Mutter recht haben könnte, erscheint, mir, je näher ich zur Paddington Station komme, immer weniger attraktiv.

„Agatha, mein Kind!" würde sie mit gekünsteltem Mitleid in der Stimme säuseln, „ich habe er dir immer schon gesagt: der Mann taugt nichts!" Ihre Augen würden dabei triumphierend glänzen. Ich würde es zwar gar nicht sehen, weil sie mich an ihren breiten Busen drückt, aber ich weiß es – ich weiß es genau jetzt mit aller Deutlichkeit. Mir wird beim bloßen Gedanken übel. Seit Tagen wird mir übel, wenn ich mich aufrege – und ich rege mich dieser Tage dauernd wegen jeder Kleinigkeit auf. „Grund genug", denke ich, „mich bei meinen Eltern ein paar Tage auszuruhen. Mutters weltumfassenden, atemraubenden Umarmungen würde ich hoffentlich mit etwas Umsicht und Geschick ausweichen können oder sie überleben!"

Ich beschließe, zwar nach Chichester zu fahren, um Larry einen Denkzettel zu verpassen, aber Ma von unserem Streit nichts zu sagen. Irgendwie wird es mir nach einigen Tagen der Erholung schon gelingen, Larry um den Finger zu wickeln, sollte er etwa gar ernsthaft beleidigt sein, wozu er doch eigentlich nicht den geringsten Grund hat. Larry ist ja, trotz allem, ein gutes Tier. Und – da ist auch noch dieser wage Verdacht, der sich seit ein paar Tagen immer mehr verdichtet. Ich bin fast sicher, Larry eine umwerfende Nachricht bringen zu können. Mit diesem zuversichtlichen Gedanken steige ich in den Zug.

Ein Dritter

Auf der Suche nach einem freien Abteil sehe ich die junge Frau, die am Fensterplatz in Fahrtrichtung sitzt und keine Notiz von den Mitreisenden nimmt. Sie sieht etwas blass aus, als hätte sie eine anstrengende Nacht hinter sich. Sie ist ein verdammt leckeres Frauchen, und so würde es mich nicht wundern, wenn ihre

Nächte anstrengend sind. Eine mit so strammen Schenkeln und einem so niedlichen Hintern! Hab` sie schon beim Einsteigen gesehen. Vielleicht kann ich mit der Süßen ins Gespräch kommen.

Meine Frage, ob der Platz neben ihr noch frei sei, beantwortet sie nur mit einem Kopfnicken, sieht weiter zum Fenster hinaus, obwohl es dort draußen außer dem lästigen Schneetreiben nichts zu sehen gibt. Sie ist ganz offensichtlich nicht gewillt, auf meine freundlichen Annäherungsversuche zu reagieren. Bin wohl nicht ihr Typ. Naja, dann gebe ich es halt auf und vertiefe mich in den Daily Mirror.

Nach einer Weile blicke ich wieder auf. Da bemerke ich, dass die Schöne noch um eine Nuance blasser geworden ist. Ich glaube auch, dass sie geweint hat. Das zu einer Wurst zusammengedrehte Taschentuch in ihren Händen sieht recht feucht aus und das zierliche Näschen zeigt eine deutliche Rötung. Habe aber nichts bemerkt.

„Also doch eine anstrengende Nacht!" denke ich, „aber anscheinend mit unschönen Folgen!" Da meine Sitznachbarin aber nach wie vor abweisende Kälte ausstrahlt, beschließe ich, mich nicht um die Probleme einer wildfremden Frau zu kümmern, solange keine Chance besteht, davon zu profitieren Also lese ich weiter die spärlichen Sportnachrichten.

Genaugenommen interessiert mich sowieso das Ergebnis des Schlagerspiels Arsenal gegen Manchester United mehr als ein Flirt mit einer spröden Reisebekanntschaft.

Der Zug fährt heute langsamer als gewöhnlich. Die starken Schneefälle beeinträchtigen das Fortkommen. Im Abteil wird es sehr warm, weil die Heizung auf vollen Touren läuft. Ich schaue wieder einmal zu meiner Nachbarin, um sie zu fragen, ob ihr auch zu warm sei, da sehe ich, dass sie gänzlich verfallen ist. Kalter Schweiß steht auf ihrer weißen Stirne. Ehe ich fragen kann, ob ihr womöglich übel sei, stürzt sie, über die Füße der anderen Passagiere stolpernd, aus dem Abteil hinaus.

„Wetten, die ist schwanger!" orakelt die dicke Frau, die gleich neben der Türe sitzt. Ich finde die Bemerkung geschmacklos, auch wenn sie zutreffen könnte, zeige aber besser keine Reaktion, um der unsympathischen Frau keinen Anlass zu näheren Erörterungen zu geben. Ich habe wirklich nicht die geringste Lust, mit anderen Leuten über mögliche oder unmögliche Graviditäten zu reden. Auch der ältere Herr gegenüber murmelt nur verhalten: „May be!" und schneidet damit jede weitere Diskussion zu diesem Thema ab.

Es dauert eine ganze Weile, ehe die junge Frau zurückkehrt – und sie ist nicht allein. Ein Herr in den sogenannten besten Jahren hält sie fest am Arm. Die Veränderung, die mit ihr vorgegangen ist, macht mich neidisch. Ihre Wangen haben Farbe bekommen, ihre Augen glänzen so glücklich, als wären Tränen für sie absolut unbekannt. Sie lacht ein kleines, frivoles Lachen, als sie sich für ihren überstürzten Abgang von vorhin bei allen Mitreisenden entschuldigt.

„Was", frage ich mich, „ist an diesem leicht übertragenen Kerl so viel besser als an mir, dass er es in so kurzer Zeit und wahrscheinlich noch dazu vor dem Klo geschafft hat, die Schöne zu erobern und ihren Kummer zu heilen?"

Ich werfe einen neugierigen Blick auf ihn, entdecke aber nichts, was diesen Erfolg rechtfertigt. Ich finde ihn im Gegenteil farblos, uninteressant, alltäglich und zu alt. Wahrscheinlich habe ich ihn jetzt mit einem so fragenden Gesicht angestarrt, dass er sich betroffen fühlt. Eines muss man ihm lassen: er dürfte ein vollendeter Gentleman sein. Lächelnd erhebt er sich, zieht mit einem geübten Griff die hässliche, grüne Krawatte fest, lüftet den alten, verbeulten Hut, deutet eine kleine Verbeugung an und sagt, in die Runde blickend:

„Sie gestatten, dass ich mich vorstelle: Mein Name ist Lawrence B. Cooper, von Cooper & Son Coffee Imports Ltd. – und das ist meine liebe Frau Agatha! Ich hoffe, die Herrschaften haben eine angenehme Reise!"

Sprach's – und verlässt mit ihr das Abteil, weil der Zug in Chichester einfährt.

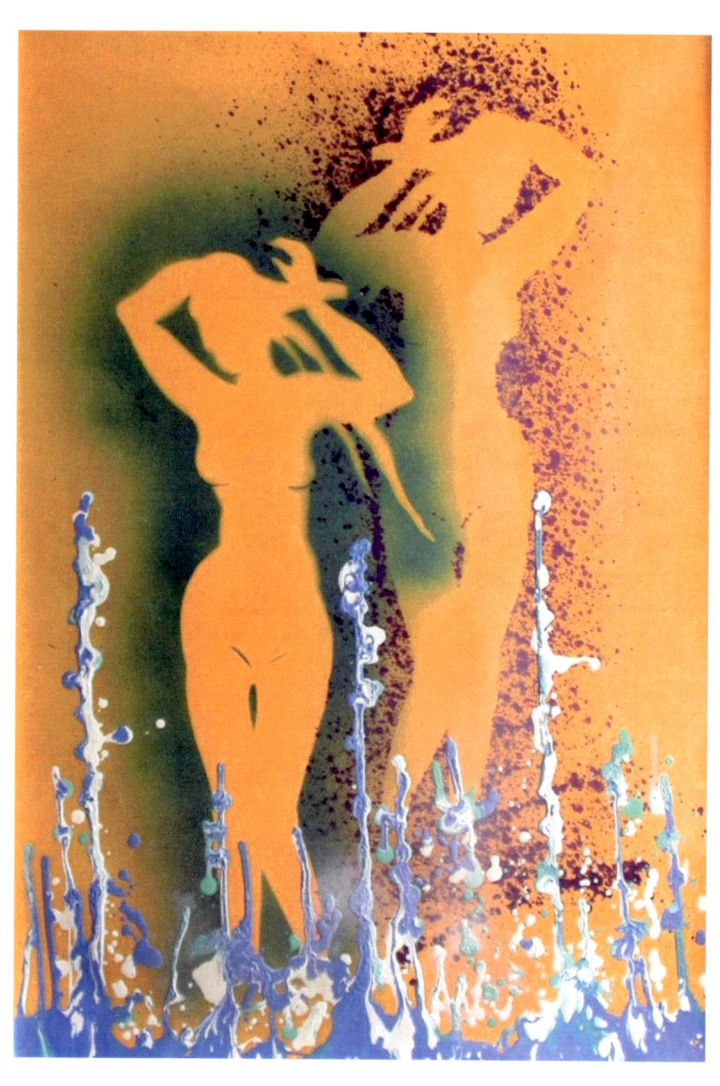

Undine räkelt sich
(Lack-Spritztechnik auf Glanzpapier)

Irgendwann nimmt das Berufsleben und damit das Verweilen in der Arbeitswelt für jeden ein Ende. Man wird, oft zur Freude, ebenso oft zum Leidwesen des Betroffenen, aussortiert. Der Abschied von Gewohntem geht mit dem Ausblick auf einen neuen - dem letzten - Lebensabschnitt Hand in Hand. Der Abschied ist nicht immer ein leichter, weder für den neuen Rentner (oder Pensionisten) noch für sein gewohntes Umfeld.

Hier ein ganz besonderer Abschied:

Gedanken anlässlich der Abschiedsvorstellung des Baritons Max Hechenleitner vom Tiroler Landestheater, Montag, den 26.6.1989:

RIGOLETTOS ABSCHIED

Der Vorhang ist gefallen. Zum letzten Mal, sagst du.
Verstummt, verklungen ist dein Lied,
verrauscht, verebbt das Dröhnen des Applauses.
Im Finstern liegt das leere Rund des Hauses.
Das Publikum ging längst, des Klatschens müd,
und du stehst da und schließt verträumt die
Augen zu.

Vor deinem Blick zieht die Erinnerung vorbei
an falsche Buckel, Bärte, eitlen Glitzertand,
an ungezählte Stunden bei den Bühnenproben,
an Staub und Schminke, Fett und enge Garderoben,
daran, wie man im grellen Rampenlichte stand,
gefangen in der bunten Maske – und doch stets frei!

Du hast die hohlen Masken mit Seelen ausgestattet,
dein Bariton hat Räume ausgefüllt,
dein Spiel war mehr als nur das Bild
verblasster Leben;
du hast den leeren Schatten Inhalt stets gegeben,
du hast gelebt – nicht nur gespielt.
Zu Recht bist du von diesem Tun zuletzt ermattet.

Ein buntes Blumenmeer verdorrt und stirbt zu
deinen Füßen,
als Abschiedsgruß, als Dank: man hat dich
sehr geliebt.
Fehlt deine Stimme, fehlt dein Körper, fehlt
dein Geist,
erscheint die Bühne stiller, leerer, wie verwaist.
Es tut uns leid, dass es dich nicht mehr gibt!
Sehr viele Freunde werden schmerzlich
dich vermissen.

Zeittropfen (Acryl auf Karton)

Teil 3:
„Am Busen der Natur"

An so gut wie keinem, der schreibt - ob Dichter, Dichterling, Autor, Literat, Journalist oder wie immer er/sie einzuordnen ist – geht das Thema „Natur" ungenützt vorbei. Es bietet ja, das muss man offen gestehen, eine nie enden wollende Zahl an Angriffspunkten. Vor allem seit Umweltbewegungen „in" sind, was übrigens schon im 19. Jahrhundert aktuell war, wie etwa die Reaktion auf die Holznot, die nachfolgende Wald-Romantik oder die bereits 1864 erfolgte Gründung des ersten Nationalparks in den USA (Yosemite Nationalpark, Kalifornien) beweisen, wird über den Zustand der Natur gesprochen, geschrieben, polemisiert, politisiert und mit mehr oder weniger Erfolg und mehr oder weniger passenden Mitteln für sie gekämpft. Was das kleine, zornige Fräulein Greta Thunberg aus Schweden den Mächtigen der Welt im Besonderen, den Erwachsenen im Einzelnen an Vorwürfen auf das Auge drückt, ist nichts Neues. Die Folgen der Atomkraft, der Chemie- und Schwerindustrie, die fahrlässige Abfallentsorgung, das Waldsterben, das Ozonloch, die Zerstörung von Naturlandschaft, die Verschmutzung von Gewässern, der Klimawandel etc. waren schon in den Siebzigerjahren des vergangenen Jahrhunderts stark strapazierte Schlagworte der Ökologiebewegungen (z.B. bei der Volksbefragung zur Inbetriebnahme des ersten österreichischen Atomkraftwerkes im Jahr 1978, das weitreichende politische Folgen hatte). Wie sehr die Menschen inzwischen sensibilisiert wurden, zeigt der Zulauf zu den Grünparteien, von denen sich viele – hoffentlich nicht vergeblich – erwarten, dass sie die Stimme der Natur vertreten und nicht nur politische Macht daraus schöpfen.

Zum Glück aber können wir, wenn wir mit offenen Augen durch die Welt gehen, die Natur noch sehen, riechen, fühlen, anfassen und in ihr geistig wie körperlich verweilen.

Der Mensch ist das Maß aller Dinge[13]

Eigentlich habe ich immer angenommen, dass wenigstens die Dichter es gelernt hätten: zu sehen oder wenigstens zu fühlen, dass es kein allgemein gültiges Maß gibt. Sicher, sie können sich an ein Versmaß halten, sie können ihre Leistungen an der Zahl der Anschläge auf ihren Schreibmaschinen, in Wortanzahlen, in Zeilen, in Seiten messen – aber sie an den Menschen zu messen – wie ist das möglich?

Die maßlose Überheblichkeit des Menschen, sich als Maß aller Dinge zu sehen, ist unzweifelhaft der Grund für die unglaubliche Verwüstung, die der Mensch der Welt antut.

Nun ja, sehr philosophisch und eng gesehen, kann der Mensch nur an sich selbst Maß nehmen, weil man davon ausgehen muss, dass er nicht in der Lage ist, etwas anderes zu sehen als seinen Körper – vielleicht sogar nur seinen Nabel. Aufgrund seiner offensichtlichen Beschränkung ist er möglicherweise tatsächlich nicht in der Lage, ein anderes Maß als das menschliche zu erfassen. Mit der gleichen Berechtigung müsste man dann jedoch allen anderen Lebewesen ihr eigenes, ganz persönliches Maß zubilligen. Die geistige Potenz eines Eisbären etwa fixiert für ihn das Bären-Maß, der Regenwurm glaubt an sein Regenwurmmaß. Von der Konzeption her wäre demnach jedes Lebewesen auf sein Maß programmiert- ein Zustand, der

---

[13] Der sogen. Homo-Mensura-Satz wird dem griechischen Philosophen Protagoras (wahrscheinlich 490 – 411 v.Chr.) zugeschrieben, was jedoch umstritten ist.

solange zutrifft, bis man jene Linie überschreitet, die diese Maße begrenzt. Dass es diese Grenze gibt, liegt implizit in der Definition des „Maßes" an sich. Es umfasst eine ganz bestimmte, willkürlich festgelegte Ausdehnung, die ebenso willkürlich begrenzt ist. Wie weit oder wie eng diese Grenze ist, wird vom Menschen mangels Instinkts ausgelotet, gemessen, gewogen, vereinbart, genormt: wird gemacht. Und hier beginnt die mörderische Maßlosigkeit des Menschen: er macht Grenzen, denn er hat – MACHT. Und diese missbraucht er bedenkenlos. Er hat vergessen, wo die zarten Linien liegen, die die Natur zur Einteilung der Lebensräume gezogen hat. Er hat verlernt, auf die bescheidenen Gesten zu achten, die sein Fortschreiten über Leichen stoppen würden. Er hat es abgelehnt, auf die leisen Töne zu hören, die ihm zurufen, wohin er seinen Fuß setzen kann, ohne zu morden. Der Mensch in seiner absolut einmaligen Überheblichkeit überschreitet ohne zu zögern sein ihm von der Natur vorgegebenes Maß. Er hat das Maß verloren – wohl schon in dem Moment, als er aus dem Paradies vertrieben wurde, wenn man dieses allegorische Bild übernehmen will, und irgendjemand – angeblich ein Wesen namens Gott - ihm die Generalvollmacht gegeben hat, sich die Erde untertan zu machen, oder aber in dem Moment, in dem er in der Evolution den falschen Weg von der Natur fort eingeschlagen hat. Es steht zu befürchten, dass er an seiner engstirnigen Manie, nur nach seinem Maß messen zu wollen, scheitern wird. Für sein stolzes Verlangen, das Maß aller Dinge zu sein, wird er früher oder später sich selbst opfern. Die Natur wird ihn aber überleben.

Endzeitlieder[14]: **Der schwarze Tod**

Des Tankschiffs riesiger Leib ist zerborsten,
aus kantigen Schwären quillt Öl in das Meer,
wie Eiter aus pestkranken Beulen.
Fern hört man das Feuerschiff heulen.
Es treibt der Westwind den beißenden Rauch
aus der Schiffsleiche lohendem Bauch.

Des Seevogels Schwingen zerteilen die Luft,
sein Flug ist Freiheit im grenzfreien Raum,
wie Seelen befreit aus den Gittern.
Er kann die Gefahr noch nicht wittern,
sein Instinkt ist nicht auf den Tod programmiert,
wenn Öl seine schneeweißen Federn verschmiert.

Des Ölteppichs tödliche Faust fasst den Vogel,
zerstört ihm das schützende Fett seiner Federn,
wie ein Schwamm saugt Wasser nun das Gefieder,
drückt den wehrlosen Körper erbarmungslos nieder,
er erfriert, er erstickt, er ertrinkt,
eh' die Leiche zum verwüsteten Meerboden sinkt.

Des Himmels blaue Luft ist verwaist,
es schallt kein Vogelruf mehr über's Meer.
Wie öde dümpeln die öligen Wellen!
Und am schwärzlichen Strand, an sehr vielen Stellen
mahnen sie: tausende ölige Leichen:
„Setzt endlich für alle ein rettendes Zeichen!"

---

[14] Erstveröffentlichung in der Anthologie: im Mond des Erkennens
(Autorenwerkstatt 14, R.G.Fischer Verlag, Frankfurt 1989)

Ohne Zweifel ist der Rhein so etwas wie eine europäische Lebensader, was die Menschen nicht daran gehindert hat – und noch heute daran hindert – den Strom durch Abwässer zu verunreinigen. Am schlimmsten war jedoch die Kontaminierung durch Löschwasser nach einem Brand bei der Firma Sandoz bei Basel im Jahr 1986, durch die ein großer Teil von Flora und Fauna vernichtet wurde. Zum Glück hat sich dank des gestiegenen Umweltbewusstseins und daraus folgenden Maßnahmen der Strom wieder soweit erholt, sodass Fische, Vögel, Insekten, Pflanzen und andere Kleinlebewesen wieder existieren können. Der Schock über den „Nahtod" sitzt aber bei Ökologen, Naturliebhabern und bei den Anwohnern noch tief. Auch wenn sich die Schadstoffbelastung seit den Sechzigerjahren um etwa die Hälfte reduziert hat, ist das Wasser noch immer mit Chemikalien (z.B. Pestizide, Medikamente, Reinigungsmittel etc.) und Plastikpartikeln belastet. Erfahrungsgemäß ist die Natur kampfbereiter, als man annimmt. Und so ist es am Rhein trotz allem stellenweise immer noch oder wieder so schön.

Warum war es am Rhein so schön!

Blaugrün war er irgendwann,
dann floss es braun aus den Kanälen,
erst wenig, dann mehr – von irgendwoher.
Köcherfliegenlarven gab es bald schon nicht mehr
im Abwasser tausender Seelen.

Braungrün war er irgendwann,
dann kam es grau von der Ölindustrie,
erst wenig, dann mehr – von irgendwoher.
Krebse und Schnecken gab es dann auch nicht mehr,
Kohlenwasserstoff-Abfall vernichtete sie.

Graubraun war er irgendwann,
dann ergossen sich schleichende Gifte,
erst wenig, dann mehr – von irgendwoher.
Fische schwammen kieloben – später dann gar nicht
mehr,
als man chemischen Abfall verschiffte.

Schwarzbraun und leer ist er heute,
selbst Lorelei ist verzogen
nach Koblenz in eine Garçonnièr'.
Sie kämmt sich ihr herrliches Haar längst nicht
mehr,
und es ist ganz bestimmt nicht erlogen:

Seit der rheinischen Chemotherapie
trägt eine spiegelnde Glatze sie!!!

Begegnung mit B

Am Morgen dieses unerwartet frühen Sommertages treffe ich Dich zum ersten Mal. Aus der Ferne sehe ich Dich, wie du den grasigen Boden des Hochtales in ungleiche Hälften teilst, nicht mit einem geraden Schnitt, sondern in Schlingen und Bögen ein wenig taumelnd, als könntest Du Dich nicht entscheiden, welcher Seite Du den größeren Teil zugestehst. Du bist ein wenig über die Ufer getreten, als hätte frühlingshafter Übermut Dich getrieben, dein kleines, kiesiges Bett zu verlassen. Eiliger als es Dir zusteht rinnst Du zwischen Gras, Farn und Blumen, breitest Dich aus, umfasst, mit wässrigen Fingern Inselchen formend, die rundlichen Polster des samtgrünen Mooses, umspülst Strauchwerk und Wurzeln, leckst neugierig am glimmerglänzenden Sand einer Mulde, färbst ihn züngelnd dunkler, kletterst glucksend und kichern über größere Steine am Uferrand und versprühst glashelle Tropfen in die windbewegte Luft. Ich setze mich auf einen flachen Stein, den Du in großem Kreis umfließt, weil er für Dich viel zu schwer ist, als dass Du ihn wegtragen könntest. Ich sehe Deinem Spiel zu. Bald reizt es mich mitzuspielen. Ich falte ein Schiffchen aus grauem Papier und setzte es vorsichtig auf Deine Strömung. Eifrig trägst Du das Schiffchen zu Tal. Einige Zeit laufe ich neben Dir her, befreie mein Schiffchen, wenn es sich in Büscheln überhängenden Grases verfängt, um es Dir wieder mitzugeben. Ich lache, weil ich Dir im Eifer meines kindischen Tuns zu nahegekommen bin. Ein Schuh ist platschnass. Eiskaltes Wasser durchnässt meine Socken – meine eigene Unachtsamkeit, gewiss nicht Deine Schuld!

Die Kälte erinnert mich daran, wie nahe wir dem Gletscher sind, ermahnt mich auch, mich weiter auf den Weg ins Tal zu machen. Ich lasse Schiffchen Schiffchen sein, folge Dir und ihm noch kurz mit den Augen, dann führt mein Weg von Dir fort in den Wald.

Die Sonne steht hoch, als wir uns wieder begegnen. Ich staune: Du hast gewaltig an Kraft zugelegt, bist gewachsen, breit geworden und mächtig und wild. In schweren Kaskaden schäumst Du über mannshohe Blöcke, den faustgroßen Kiesel auf deinem Grund rollst und drehst Du beständig, mahlst ihn, schleifst ihn, drängst ihn ans Ufer, wo es flach wird, schichtest ihn auf zu Schotterbänken, die Dich gleich Miedern stützen und formen. Wirst Du von Felsen in die Enge getrieben, dann wirfst Du wütend schäumende Gischt in die Luft, die dampft, als würdest Du kochen. Von der Enge befreit, flutest Du den Grund einer Senke, scheinst auszuruhen vom kräfteraubenden Weg durch die Schlucht.

Der Boden ist ein breites Lager für Dich. Du füllst die Mulden mit Tümpeln, deren dunkles Wasser so bewegungslos ist, dass ich mich darin spiegeln kann – eitel vor dem hellen Blau des mittäglichen Himmels. Hier bin ich Dir ganz nahe, bücke mich, tauche meine Hand in Dein Wasser, das nicht mehr so eisig ist wie am Morgen, doch klar und frisch. Es ist gut, mit Dir gemeinsam auszuruhen und Deine Kraft nur von Ferne zu hören: das Rauschen, Brausen und Dröhnen, wenn Du weiter hinabsteigst ins Tal.

Dort beweist Du Deine geballte Energie. Baumstämme trägst Du auf Deinem Rücken und scheinst durch die Last kein bisschen geschwächt. Du bist so bewundernswert stark, drängst machtvoll vorwärts, wirst schneller und schneller: Ich kann Dir zu Fuß nicht mehr folgen.

Es ist spät, als ich Dich wiedersehe. Nein! Ich hätte Dich kaum mehr erkannt. Was da so gleichförmig und braun durch den Betonkanal fließt, das sollst Du sein? Es ist, als hätte man Dich in eine Zwangsjacke gesteckt, Dich niedergespritzt mit chemischen Mitteln wie einen tobsüchtigen Kranken, eingeschlossen in eine endlose Bahn wie in Gummizellen, ruhiggestellt, entkräftet, Deines Willens beraubt. Das Gerinne ist hoch, steil und glatt. Ich kann Dir meine Hand nicht mehr reichen – ich hätte auch Angst davor. Du bist so düster, schmutzig und krank. Verzeih‘ mir, aber vor Krankheit empfinde ich Ekel und Abscheu. Ich trete zurück, um Dich nicht mehr sehen zu müssen. Doch ich höre Dein Rauschen, auch wenn es wie hektisches, sich monoton wiederholendes Klagen anhört. Es scheint mir nur wenig Trost zu sein, wenn ich Dir sage, dass Du ein paar hundert Meter weiter in den großen Fluss münden wirst, befreit und vereint zugleich im Kreislauf der Natur.

Ich gehe müde, enttäuscht und in Gedanken über den Damm, der Deinen Lauf säumt und Dich nötigt, dem vorgegebenen Weg zu folgen. Von wem vorgegeben? Wohl von den gleichen Leuten, die im Gemeinderat seit langem von Kläranlagen reden, von naturnahem Rückbau, von umweltgerechter Ufergestaltung bei der Wildbachverbauung. „Schöne Worte!“ denke ich, „zu schöne, zu viele – nur Wörter?“

Nur Wörter?

Am Bach

Wie gehämmertes Silber
scheint das Wasser,
erstarrt,
eingefasst,
festgehalten
zwischen samtgrünem Moos.

Wenn du es loslässt,
beginnt es zu
fließen,
zu glucksen,
zu plätschern
durch das samtgrüne Moos.

Nur im Bild ist die Stille,
die du suchtest.
im Tale,
am Bachrand,
beim Wasser
im samtgrünen Moos.

Der Mond badet im Fluss
(Collage – Tastbild „Blindenbild)

*Waldsterben – ein Schlagwort der Achtziger-
jahre! Während in unseren Breiten die Pflege
der Wälder zu einer deutlichen Verbesserung
der Situation geführt hat, sind die Regenwäl-
der so bedroht wie noch nie!*

Waldsterben

Dunkel kriecht er die Hänge hinan,
der Wald - der Rest eines Waldes.
Gelichtet und kahl sind die Kronen,
braun und vertrocknet Geäst,
der Nadeln und Blätter beraubt;
verdorben, zerfressen, vergiftet, verstaubt.

Herb duftet das leidende Holz dort
im Wald -im Rest uns'res Waldes.
Gefahr droht denen, die wohnen
am Fuß des entwaldeten Hanges.
Zu wenig hat mancher sich das überlegt,
wahllos geschlägert, geästet, zersägt.

Einsam singt noch ein Vogel dort
beim Wald - beim Rest dieses Waldes.
Traurig und klagend klingt es
und fragend, was hat es genützt?
So viel habt ihr davon gesprochen,
doch dann ihn verraten, Versprechen gebrochen.

Starr ragen verdorrte Stümpfe empor
vom Wald - vom Grab uns'res Waldes.
Verzweifelt und reuig steh'n wir davor,
und müssen den Vorwurf ertragen:
Wir alle haben den Wald umgebracht,
durch Gifte und Gase, Profitgier und Macht.

Der Moloch Verkehr und seine ziemlich erfolglose Bekämpfung beschäftigt seit Jahrzehnten die Menschen und die Politiker in den Industrieländern. Oft hat man den Eindruck, dass alle Maßnahmen aus Rücksicht auf die Wirtschaft nur Alibiaktionen sind - ... und der Brenner-Basistunnel ist in Bau! Vergebliche Hoffnung?

Transitverkehr

Ein LKW kommt selten allein,
sie fahren in engen, geschlossenen Reih'n,
sie wälzen wie Drachen sich durch die Nacht:
es rauscht und es rollt und es rattert und kracht,
es donnert, es dröhnt und es brüllt!
Der Drache Verkehr – ein Moloch, tödlich wild.

Im Fensterkreuz klirren die Scheiben,
hermetisch verschlossen sie bleiben,
erblindet von Ruß und von Staub.
Es beben die Dielenbretter,
es rieselt der Kalk aus dem Riss in der Wand.
Transitverkehr rollt – überrollt unser Land.

Die Gläser und Töpfe vibrieren im Schrank,
nervös zuckt das Kind – es schreckt auf, weint,
ist krank.

WO BLEIBT SIEGFRIED, DER DRACHENTÖTER?

Abfallentsorgung – auch ein anrüchiges und immer wiederkehrendes, also stets aktuelles Thema.

Am Fuße der Mülldeponie

Warum rümpfst du die Nase, geliebtes Wesen,
wenn wir im Grünen spazieren gehen?
Findest du unseren Wald denn nicht schön?

Wen stört schon der Reifen im Haselstrauch,
die Fetzen aus Nylon, die Dosen, der Schlauch,
die grellbunten Kunststoff-Flaschen,
die rostigen Drähte, der Fliesenbruch,
die Schachteln, der Schaumstoff, die Plastiktaschen.

Wen stört schon der Schaum auf dem Wiesenbach,
der schillernde Ölfleck im See?
Wem tut schon das Fehlen des Vogelsangs weh?
Und glaub' mir, bald brauchst du das dämliche Tuch
nicht mehr auf dein Näschen zu drücken.
Sehr schnell gewöhnt man sich an den Geruch
und über das bisschen harmlosen Müll
lernt man – hinwegzublicken!

Reisen bildet, so sagt man. Jedenfalls erweitert sich der Horizont. Neue Erfahrungen bringen neue Ideen und Betrachtungsweisen – man kann sich bereichert fühlen.

Auf einer spanischen Terrasse

Träge kriecht die Mittagshitze,
sie steigt am weißen Kalk nach oben,
sie klammert sich im Rauh der Wände fest,
sie quillt durch jede Ritze.

Trocken rauscht das Pampasgras,
es dringt ein heißer Duft nach oben,
es beugen sich im Hauch die Stängel, das Geäst,
es knirscht, als breche dünnes Glas.

Trunken macht mich die Sangria,
im kühl beschlag'nen Glase erhoben,
bevor man mich im Schatten schlafen lässt,
denke ich „Que alegria!"

Zwischendurch ein bisschen einfache Prosa:
Eine Fahrt ganz ohne „Navi"

Auf der Suche nach dem Guadalquivir[15]

Es ist Sonntag und sehr heiß. Von den sechshunderttausend Sevillanern ist mindestens die Hälfte an die Küste gestürmt und hat das Meer, den Strand und die Restaurants recht lautstark in Besitz genommen. Grund genug, in die andere Richtung zu flüchten, ins Landesinnere, wo die Hitze lautlos über der fruchtbaren Erde brütet. Uns macht das nichts aus, denn die Klimaanlage kühlt das Wageninnere auf durchaus erträgliche Temperaturen. Wir erreichen eine Abzweigung in Richtung Osten. Auf unserer provisorischen Landkarte lesen wir: „Villafranca del Guadalquivir" – und schon steht unser Entschluss fest. Wir machen uns auf die Suche nach dem Fluss. Zuerst ist die Straße neu asphaltiert und kerzengerade. Sie führt an Sonnenblumenfeldern, Mais und Korn vorbei, durch Pinienwälder, wo der Schatten Kühlung vorspiegelt. Am anderen Ende des Waldes erstrecken sich soweit das Auge reicht Erdbeerplantagen, deren Duft trotz geschlossener Fenster in den Wagen dringt. Ihre Süße ist bezaubernd.

---

[15] 657 km langer Fluss im Süden der Iberischen Halbinsel. Er entspringt etwa 70 km nordöstlich von Granada, fließt unterhalb von Cordoba durch das andalusische Tiefland und mündet schließlich mit den Marismas, einem sumpfigen, unter Naturschutz stehenden Gebiet in den Golf von Cádiz. Bis Sevilla, knapp 90 km von der Mündung entfernt, ist der Fluss auch für größere Schiffe befahrbar.

Bei einem kleinen Ort vermissen wir die Wegweiser, aber geradeaus ist immer am besten. Wieder wechselt die Landschaft zwischen Feldern und Wäldern. Zwischendurch hört der Asphalt auf. Wir holpern über Schotter, eine lange Staubfahne hinter uns herziehend. Etwas später wird die Straße wieder besser, endet aber an einer Kreuzung, von wo ein Weg nach Norden, der andere nach Süden führt. Wegweiser gibt es auch hier nicht, aber am Feldrand steht ein Auto, in dem eine Frau sitzt. Wir nehmen unsere Planskizze und fragen. Die Frau ist freundlich, erklärt aber mit einem eigenartigen Stolz in der Stimme, nicht lesen zu können. Da kommt auch ihr Mann – wohl ein Bauer, der auf seinem weitläufigen Besitz nach dem Rechten gesehen hat. Ihm versuchen wir in unserem mangelhaften Spanisch unseren Wunsch klarzumachen. Er scheint zwar unsere Frage zu verstehen, nicht aber, was wir dort zu suchen hätten. Da kommt ein weiterer Mann aus einem nahegelegenen Gehöft. Diesem erklärt der andere in wortreichem, andalusischem Schnarrton, was die komischen Fremden wollen. Wir verstehen so gut wie nichts, aber schließlich deutet uns der Mann, ihm zu folgen – er würde sowieso in die gewünschte Richtung fahren. Wir bedanken uns nach allen uns bekannten Regeln der spanischen Sitte bei dem Bauern und folgen dem anderen. Er steigt in seinen Jeep und brettert mit einem Affenzahn los – links, rechts, rechts, links – immer wieder Schlaglöchern ausweichend, die er anscheinend ganz genau kennt. Wir haben größte Mühe, mit unserem Auto dem Geländewagen zu folgen. Es ist eine rasante Fahrt über mehrere Kilometer und quer durch endlos scheinende Felder. Und dann sind wir tatsächlich in Villafranca del Guadalquivir. Der freundliche Spanier, der wohl in seinem Nebenberuf Rallyefahrer sein muss, steigt auf die Bremse, erklärt ausführlich, wo wir jetzt zu Mittag am besten etwas essen und anschließend Siesta halten sollen, und will schon weiterfahren, als wir die Frage nach dem Fluss stellen.

„Der Fluss? Über die Brücke und dann immer rechts! Hasta luego y buen' viaje!"

Und weg ist er, eingehüllt in eine dicke Staubwolke! Es geht nichts über spanische Freundlichkeit – auch wenn sie manchmal etwas herb erscheint. Wir essen zwar nicht in dem von ihm empfohlenen Lokal, sondern gegenüber im Freien, gemeinsam mit einem ganzen Haufen fröhlicher, sich lautstark unterhaltender Andalusier, die von uns nicht die geringste Notiz nehmen, obwohl wir überzeugt sind, dass in den letzten hundert Jahren kaum jemals ein Ausländer hier war. Entsprechend billig ist es und herrlich urwüchsig. Auch wenn das Thermometer an der Straße 41 Grad zeigt, ist es unter der großen Markise angenehm. Wir genießen den fruchtigen, leichten Weißwein aus der Gegend und schauen dem bunten Treiben in einem einer Siesta gleichendem Müßiggang zu.

Sehr viel später setzen wir, ganz leicht angeheitert, unseren Weg fort – über die Brücke und immer rechts. Die asphaltierte Straße geht bald in einen weißen Schotterweg über. Wohnhäuser gibt es keine mehr, nur noch einige, zum Teil recht baufällige Lagerhäuser. Links und rechts beginnen Kanäle mit kleinen Wehranlagen zum Fluten der Felder. Dann sieht man nur noch das intensive Grün der Reisfelder, die von den Kanälen durchzogen sind und an deren Böschungen schmale Wege in alle Himmelsrichtungen führen. Sich an etwas zu orientieren wird schwierig. Selbst die Telefonmasten folgen uns nicht nachvollziehbaren

Richtungen. Irgendwo weit draußen aber stehen Bäume, die so aussehen, als würden sie ein Ufer säumen. Eisern in unserer Neugier halten wir, zick-zack-fahrend, darauf zu. Aus dem unglaublichen Grün der jungen Reispflanzen erheben sich Störche, weiße Reiher und Stelzenläufer, aufgeschreckt durch uns Eindringlinge. Elegant ziehen sie einen Kreis und lassen sich weiter entfernt wieder im Grünen nieder. Ab und zu huscht ein schwarzes Blässhuhn von einer Kanalseite zur anderen. Es ist unwahrscheinlich ruhig und schön. Wir fahren die längste Zeit links, rechts, rechts, links – die Wege sind gerade so breit wie das Auto. Umdrehen könnte vielleicht ein bisschen problematisch werden, aber nachdem das Ziel doch näherzukommen scheint, fahren wir mutig weiter. Schließlich bleiben wir an einer etwas breiteren Stelle stehen. Zu Fuß folgen wir dem schmalen Pfad. Vor uns liegt im Gebüsch ein Schiffswrack, also dürfte der Fluss nicht mehr weit entfernt sein. Die losen Fensterläden knarren im leichten Wind, als sängen sie ein Lied von der Einsamkeit. Dann stehen wir plötzlich am Ufer. Breit und träge fließt er dahin, der große, braune Fluss. Sein Rauschen ist leise, als wäre er schon müde geworden, so kurz vor seiner Mündung ins Meer. Fast andächtig stehen wir da und schauen - und erleben den seltenen Moment, in dem man glaubt, die Zeit stehe still. Lange schauen wir hinaus und stellen uns vor, wie die zerbrechlichen Schiffe des Christobal Colon[16] und anderer kühner Seefahrer, schwer beladen mit den Schätzen Amerikas, die breite Wasserstraße heraufziehen, ihrem Ziel Sevilla schon ganz nah, wo die kostbaren Waren im Torre del Oro gelagert

---

[16] Spanischer Name von Christof Kolumbus. Einen Nachbau seiner Schiffe kann man u.a. in La Rábida bei Huelva besichtigen.

wurden. Und es ist, als hörten wir den gleicherweise stampfenden wie wiegenden Rhythmus der Sevillana:

„Guadalquivir, sangre del pais...“[17]

---

[17] ... Blut des Landes.

Stippvisite bei Ebbe in einer Bucht in Cornwall, einer Weltgegend, die sehr zu empfehlen ist:

Im kornischen Sand

Die Flut des grauen Meeres hat sich zurückgezogen,
im hellen Schein der Sonne liegt das trock'ne Land,
neugewonnen, neugeboren
nur für kurze Zeit.

Ein kleiner Rest blieb hier zurück von all den
großen Wogen,
ein Pool voll Helligkeit liegt steinumringt im
weißen Sand,
blankgescheuert, lichtdurchflutet
nur für kurze Zeit.

Die Sonne scheint ihr Licht im Pool zu waschen,
der fein gemahl'ne Quarzsand reflektiert den Schein,
im Winde tanzend, traumverloren
nur für kurze Zeit.

Mit seidendünnen Fühlern, die nach Futter haschen,
streift die Garnele durch die Helle über Sand
und Stein,
wie Glas so klar, befreit vom Feind
nur für kurze Zeit.

Die schmalen Körper kleiner Fische glänzen, blitzen,
sie suchen hektisch einen Weg hinaus ins Meer,
sie sind gefangen, sind gefesselt
nur für kurze Zeit.

Ich möchte stundenlang am kleinen Sandloch sitzen,
den Sand aufwirbeln, Wasser trüben, wissen:

ich bin wer,
Macht ausüben, Kraft beweisen
nur für kurze Zeit.

Die Sonne trat ganz plötzlich hinter eine
Wolkenbank,
der Pool war nicht mehr klar – ein trüber
Spiegel blieb zurück,
Schmerz aufzeigend, meine Ohnmacht-
für wie lange Zeit?

Es war nicht nur das Licht, das in der Düsternis
ertrank.
Es war mein Traum, mein Wunsch nach Lebenslust
und - Glück,
ist ausgeträumt, bleibt irreal
für allzu lange Zeit.

Krabbe (Acryl auf Leinenkarton)

Und zum Schluss noch rasch zum Karneval nach Venedig, einst ein beeindruckendes Erlebnis, nun eher ein touristischer Höhepunkt, der wegen des fürchterlichen Gedränges nicht jedermanns Geschmack sein dürfte.

Karneval in Venedig

Aus dem Dunkel kommt dir ein Gesicht entgegen.
Es ist starr und weiß und leblos leer.
Es erhebt sich über einem schwarzen Mantel,
so, als wäre es nicht wirklich erdverbunden.
Es scheint stumm, kann seine Lippen nicht bewegen,
die so blutlos vorgeschürzt,
seine Brauen nicht zu einer Frage heben,
deren Bögen in der glatten Stirn verankert sind,
seine Nasenflügel nicht in feuchter Nachtluft blähen,
die aus dem satten Dunkel der Kanäle fließt.
Kein Zucken in den Winkeln seines Mundes,
kein Blinzeln mit den starren Augenlidern,
kein Faltenziehen über Schmerz, noch Scherz.
Es ist kein Faden, keine Leitung
zwischen Angesicht und Hirn und Herz.

Und doch spricht diese Maske sehr beredt,
erzählt von alten Zeiten,
von Pest und Tod und Armut hier,
von adeligem Reichtum dort.
Spricht von den Menschen,
die sich hinter ihr verbergen,
verrät nicht ihr Gesicht, nicht ihre Namen,
doch viel von ihren wunden Seelen,
die stumm sie offen tragen,
in dieser Nacht, an diesen tollen Tagen.

Meerjungfrau (Collage -betastbares "Blindenbild")

Agraffen aus: Alan D.Gear/Barry L.Freestone: Das große Vorlagenbuch. Weltbild GmbH, Augsburg 2001, bearbeitet.

Bilder: Eigenproduktionen
(siehe dazu auch www.gulime.at)

Ebenfalls bei BoD erschienen:

Der Orthopädist oder der Schuster anderer Schuhe. Historischer Roman, 405 Seiten, 2. verbesserte Auflage 2020, ISBN: 9 783752 835564

Der Flötist oder die Schuld der Musik. Historischer Roman. 422 Seiten, 2. korrigierte Auflage 2019, ISBN: 9 783735 778635

Beim Mühlenrad. Neue sagenhafte Geschichten aus dem Mühlendorf in Gschnitz/Tirol. 86 Seiten, 1.Auflage 2020, ISBN: 9 783839 126530

Über die Autorin:

Gudrun Elisabeth Meisriemler (geb. 10.07.1946 in Innsbruck)

Offenbar mit zwei Seelen in der Brust geboren, ist nie die

Entscheidung zwischen Literatur und bildender Kunst zur Debatte gestanden, wobei sich in beiden Sparten überbordende Fantasie und exakte Sachlichkeit nicht gegenseitig ausschlossen. So entstanden u.a. sagenhafte Märchen

mit eigenen Illustrationen (z.B. mein liebes Rotflüh, Beim Mühlenrad)) und sorgfältig recherchierte Sachberichte (z.B. James Levine: vom Wunderkind zum Top-Maestro) ebenso wie bunte Bilder in verschiedensten Techniken neben grafischen Ausarbeitungen für die bautechnische Forschung.

Nach Teilstudien der Architektur, Musikwissenschaft und Schnuppersemestern in weiteren Wissensgebieten arbeitete die Autorin bis zu ihrer Pensionierung als Technikerin und Verwaltungsbeamtin an der Universität in Innsbruck, wo sie mit ihrem Gatten lebt, und die verbleibenden Jahre in ungebrochenem Eifer wie bisher sowohl für die Literatur als auch die bildende Kunst nützen möchte. Mit zunehmendem Alter steigt allerdings – hauptsächlich aus praktischen Gründen - die Tendenz zum geschriebenen Wort.